本丛书系中国政法大学制度学研究院科研资助项目成果

THE BRITISH CONSTITUTION

IVOR JENNINGS

英｜宪｜精｜义

李树忠 总主编

李松锋 执行主编

英国宪法（第五版）

[英] 詹宁斯 著

李松锋 译

李树忠 校

法律出版社

LAW PRESS · CHINA

詹宁斯

生于1903年，毕业于剑桥大学凯瑟琳学院，先后任教于里兹大学、伦敦政治经济学院和剑桥大学，担任过剑桥三一学院院长，剑桥大学副校长，锡兰（现斯里兰卡）和巴基斯坦宪法顾问，皇家公有土地委员会主席等公共职务。出版有《法与宪法》（中文版由生活·读书·新知三联书店于1997年出版）、《内阁政府》和《议会》等著作，被视为戴雪之后英国宪法的权威学者。

李松锋

中国政法大学法学院副教授。

李树忠

中国政法大学教授、博士研究生导师。

The
British
Constitution

献给　伦敦政治经济学院

本书第 1 版于 1941 年 6 月出版，之后，从 1941 年至 1947 年，每年重印，1947 年第 2 版，1950 年第 3 版（1954 年、1958 年重印），1961 年第 4 版（1966 年重印），1966 年第 5 版。

总　序

一

英国作为世界宪政的母国，尽管迄今仍未有成文的宪法典，但为现代宪法制度开天辟地，夯土奠基。历史上那一幕幕政治大戏，铺陈了生生不息的宪制演进，成为宪法文明的源头活水。

1215 年的《大宪章》被誉为世界宪政史的起点。这份旨在保护贵族利益的契约性文件，虽昙花一现便沦为权力的俘虏，但前所未有地确认了一些法治原则，王权应受法律制约的理念得以彰显。这种现代法治常识在 800 年前无异于闪电划破夜空，点亮现代政治文明的烛火。《大宪章》还昭示着王权的“神圣”。纵使国王不得人心，贵族愤懑，却没有想“彼可取而代之”，而是维护传统政制合法性，杜绝了诸侯逐鹿的秩序坍塌，为发展至今的英国宪制奠定底线共识。

当年的贵族势力敌不过王权。自1485年都铎王朝开始，君主专制渐趋成型。直到查理一世专权独裁，不可一世，在风起云涌的大变革时代，仍固守专制政体，不愿和议会妥协，错失君主立宪之良机，终致人头落地，王权瓦解。向以保守著称的英吉利竟也陷入“城头变幻大王旗”的战争哀歌。

皇家无小事。亨利八世遭遇婚姻变局，遂祭起宗教改革的大旗，政治改革乘兴而起。1534年《王位继承法》《至尊法案》《叛逆法案》的颁布，完成了英格兰和罗马教廷的分离。国王陛下取代教皇，成为英国教会在尘世间的最高元首，集圣职和俗务于一身，政教合于一体。《大宪章》宣告的王权有限早已杳无踪迹。君权源自天命，上帝之下，万人之上。“国王创造法律”，而非“法律创造国王”。除了脱离罗马教廷，宗教改革对英国国内政治亦有影响。教士垄断国家高级职位的局面被打破，重要职务开始由俗人担任。英格兰作为一个民族国家，从中世纪教会的桎梏中走出，政治世俗化。议会在处理国家、教会事务中，获得了新的生命力,成为英国政治中不可或缺的部分。

权力往往是残忍的。驯服桀骜的君主绝非易事,议会在和王权的斗争中尚还年轻。小小岛屿上,内战、共和、复辟和革命轮番登场。历史还需要等待下一次机会。

二

血流成河的暴力革命让各方力量逐渐意识到刀光剑影中没有胜者,谈判和妥协才是出路。于是,有了 1688 年的“光荣革命”。君主大位得以保存,但需遵照“王在议会”“王在法下”的原则。宪政史上的议会至上浮出人间。绝对君主制开始受到限制,并让位于议会制。议会立法高于王权。国王不再高居法律之上,而是屈居法律之下,“虚君立宪”的政治体制渐次确立。

权力从国王转向议会,议会掌握了国家最高权力,无所不能。除了议会自己,任何部门都无权判决议会立法无效,法官概莫能外。绵延数百年之久的普通法宪制让位给议会至上的新宪制。议会主权不仅取代国王大权,还攫取了普通法法官的规则创制权。

相比于代议制政府来说,责任内阁制更显英国宪法的贡献。议会主权的落实最初还需仰仗国王及其亲信大臣。国王既是国家象征,又是行政首脑。罗伯特·沃波尔爵士(Sir Robert Walpole)1721～1742年领导辉格党内阁,集第一财政大臣与首席部长于一身,并亲自坐镇下议院,成为行政与立法的"中介",沟通了国王与议会,被后世称为第一位首相。内阁制初现端倪,行政权力开始从王室向内阁阁魁转移。

宪法制度的稳固为英国工业革命提供了制度动力和坚固保障,助力英格兰在18～19世纪大国崛起,击败法国,取代西班牙,夺取世界霸权,成为"日不落帝国"。

三

第二次世界大战的硝烟伤了帝国元气,英国国力日渐式微,国际民族运动蓬勃兴起,昔日殖民地纷纷独立,大英帝国土崩瓦解,取而代之的是大不列颠及北爱尔兰联合王国。

为防止欧洲大陆再次沦为纳粹主义和国家社会主义的俘虏,诞生了《欧洲人权公约》,英国于1951年加入。虽然《欧洲人权公约》并非高于国内法的秩序规则，并不直接在英国法院适用，但是，《欧洲人权公约》的生效，意味着英国开始承认接受国际义务的制约，英国宪法不再只是国内法，而是包括了《欧洲人权公约》在内的国际法。

《欧洲人权公约》对民主、自由的强调，推动了英国普选权的落实以及对公民权利的保护。虽然该公约的具体内容直到1998 年才被写进英国《人权法案》，但法官在司法实践中屡屡引用该公约规定解释国内法，填补普通法漏洞。更重要的是，1966年英国承认《欧洲人权公约》中的个人申诉机制后，英国公民可以向欧洲人权法院控告英国政府。英国公民五次三番地将英国政府告上了欧洲人权法院。宪制主权的概念随之发生变化。

1998 年《人权法案》旨在“把权利带回家”，将《欧洲人权公约》中大量实质性条款引入国内法，使公约精神在英国法律中得以落实。《人权法案》要求内阁向议会提交法案时审查其是否与《欧洲人权公约》相一致，法院应尽可能按照与《欧洲人权公约》相一致的原则解释议会立法，如果无法作出相一致的解释，可以发布“不一致”宣告。“不一致”宣告并不导致法律无效，固然维护了议会至上，但法院作出的不一致宣告，犹如当头棒喝，令内阁和议会都将承受政治生命中无法承受之重。事实上，法院作出不一致宣告的法律，都被议会和内阁作了修改。虽然议会还掌握着最终话语权，但在保护人权的议题上，法院的制衡色彩愈加明显。

1973年，英国加入欧共体，因涉及对议会和国家主权的限制，被誉为“数世纪以来最重大的宪法事件”，不仅颠覆了联合王国的宪法，还有可能颠覆王国自身。为此制定的《欧共体法》成了欧盟法和英国国内法之间的“管道”，即欧盟条约上的权利义务不经英国议会确认直接成为英国国内法的一部分，其效力高于英国国内的其他法律。议会不再是国内法的唯一制定者，欧盟机构分享了部分英国法的制定。2009年，欧共体结束，欧盟接替。欧盟和英国议会共享主权的事实继续存在。

20世纪末贵族院改革，大幅减少世袭贵族，改由任命产生。虽仍称贵族院，但议员非因身份高贵，而在术业有专。身份的变化，让贵族院议员更有政治底气，敢于向政府议案说不。微妙的变动推动着议会两院权力的重构。未来贵族院将如何改革，尚未有定论，但致力于打造一个“更加民主和更具代表性”的贵族院成了不可逆转的潮流。

1975年，为决定是否留在欧共体，英国首次举行了全民公投。议会主权开始受到大众民主的制约。直接民主正在成为代议制民主的补充。虽然理论上议会仍然可以置公投结果于不顾,但在政治上显然不是明智之举。当下正纠结着的“脱欧”进程正能说明一切。

自加入欧共体以来的系列宪法改革,塑造了完全不同于戴雪笔下的宪法,并正推动着英国宪法迈向一个过去不曾预料的方向。

四

2016 年 6 月,51.9% 的选民在公投中支持脱离欧盟。2017 年《欧盟(通知退出)法》通过,拟将现有欧盟法律转换为国内法,为英国“脱欧”做法律准备。纵有万般纠葛,英国已走上“脱欧”的不归路。繁杂的政治、法律、经济等议题,不过是表明“分手”容易“离婚”难。但正如当初加入欧盟一样,脱离欧盟也必将在一定程度上塑造着英国的宪法。

英国宪法是流淌的文字。国家政治、经济、民族、文化发展过程中的重大且根本性问题,都在书写着英国的宪法。诚如智者所言,英国宪法每天都在变。政制中发生的都是宪法,即便什么也没有发生，那也是宪法。但这些变化中能称为宪法的规范还是清晰可辨，从集权走向分权是宪制变迁的主旋律。

国王、议会、司法、内阁、欧盟、公投，权力下放地方，把原本由一人独享的至高王权一步步拆分为多重力量的相互制衡。国家治理不再是白金汉宫或威斯敏斯特的权谋，而是“飞入寻常百姓家”，愈加凸显“我们人民”的政治力量。

这种长于历史的宪法，赋予英国宪制以神秘性，增加了他国临摹的难度，却为研习者提供了无尽的素材和无休止的乐趣（苦恼）。

五

近百年前，开眼看世界的华夏先哲已经注意到英国宪制的魅力，并致力于译介工作。雷宾南译戴雪名著《英宪精义》是该领域的扛鼎之作。历史峰回路转，中国终于踏上全面推进依法治国的征程。在此背景下，依托中国政法大学制度学研究院，接续先贤，为这伟大豪迈的事业添柴加薪，组织策划“英宪精义”丛书，译介英国宪制研究的精品。

本丛书以翻译英国宪法学界最新研究成果为主,注重对某个领域的精深研究,同时保持一定的开放性,既吸纳英国宪法史上的经典之作,也将适当考虑国内同仁的英宪作品。寄希望于推进对英国宪法的深层研究。

本丛书出版仰赖中国政法大学制度学研究院科研资助,幸得法律出版社法治与经济分社支持,一批青年学者勠力同心,在这个"不发表就出局"的时代,不计报酬,不求绩效,倾心译事。凡此奉献精神,皆令人感念至深。

期待学界同仁能不吝珠玉,在本丛书选题、翻译质量等方面直言不讳,共助这份微小但并非无价值的事业。

李树忠

2020 年 5 月 16 日于北京

序　言

一本书修订到第 5 版,且经过了 14 次印刷,需要做点解释。本书第 1 版完稿于 1940 年,正值第二次世界大战期间,必然会强调英国宪法对战争的服从。1946 年印刷时,几乎不需要做任何修改。尽管序言写于斯里兰卡,但大多数修改都是 1945 年在英国完成的。那时,英国工党首次获得多数票,刚刚开始执政,战后宪法如何发展难以预料。1949 年的一些修改是明显的。当时我有幸成为牛津莫德林学院客座研究员,有机会重新修订本书。当时做的大多数修改好像经受了 10 年的检验。

本书第 4 版时需要做较多修改。由于年轻读者对 1919 年至 1939 年的事情不太熟悉,所以,我就试图用更新的实例来解释，但有些内容因为没有新的实例，只能沿用旧例。修改过程中，我还试图满足海外读者的需要。海外读者貌似很多，他们可能不了解英国历史。此次修改最大的变化涉及政党和选举，其余部分则主要以《内阁政府与议会》为基础。这部分最初的研究成果是业已出版的《政党政治》。这不仅使我个人的研究更加深入，还有其他人也做了深入研究。著名的有牛津纳菲尔德学院、伦敦经济学院、曼彻斯特大学和布里斯托大学，其都对选举问题做出了有价值的研究。此外，现代选举还要应对民意调查、广播和电视的挑战。这些手段不仅影响到选举技术，还对政党态度产生重要影响。因此，这些内容被重写，其他部分也作了适当修改。我希望现在这一版能够描述 1964 年年末英国宪法的图景。

詹宁斯

1965 年 2 月于剑桥三一堂

出版者声明

本书第 5 版为詹宁斯先生生前最后一次修订。此次修订完成后不久，先生西去。

目　录

第一章　民　治

一、我们，人民

约瑟夫·张伯伦(Joseph Chamberlain)在一次即兴演讲中用了一个词,现在这个词已具有历史影响。当时,联合政府提议为皇室拨付额外资金,遭到自由党反对。张伯伦为这项提议辩护。这件事本身就足以激怒自由党。因为张伯伦曾经作为激进派,反对这样做,但在 1885 年,他改变立场,现在站在联合阵营,支持他曾经反对的这种做法。被反对党的嘲讽激怒后,他讥笑着说,“尊贵的议员们在任何场合都公然声称为大写的人民代言”。他继续说道,“这些尊贵的议员告诉我们,奉承国王是可耻的。确实如此。但讨好民众是更可耻的事情。”讨好民众?自由党不可能忘记这个词。接下来的 10 年,自由党演说家在成百上千份的政治纲领中提到约瑟夫·张伯伦所说的这个词——“大写的人民”。

他们这样做实在是掩盖了张伯伦的性格。可能除了伦道夫·丘吉尔(Randolph Churchill)勋爵之外,在19世纪末联合政府的政治家中,张伯伦最明确承认需要听从民意,讨好民众。他是在伯明翰的人民运动中冲锋陷阵后才踏入全国政坛。他促成了1884年的“激进计划”,因为他相信,人民想要的比自由党领袖提供的更多。随后,在确信已说服大部分民众相信冲突不可避免之前,他反对米尔纳(Milner)勋爵抗击德兰士瓦的战争激情。1900年之后,他高举“关税改革”的旗号,部分原因是他相信联合政府在布尔战争结束后的“咔叽大选”中获得多数,如果不能满足选民的愿望,那么,下次大选就会惨败。虽然事实证明他的解决办法是错误的,但这并不能证明他的诊断也是错误的。

在这方面,相对于自由党的其他领导人来说,张伯伦更加契合1884年选举权改革后的宪法精神。相比于已经退休的令人难以接近但曾领导联合党派的索尔兹伯里勋爵来说,他是更加民主的政治家。他意识到,宪法已经变得更加民主。内阁大臣们关心的民意不再是帕尔摩街俱乐部里的闲言碎语,而是伯明翰工厂里工人和南威尔士矿工们的意见。从本质上说,政治家的使命就是说服“大写的人民”支持他和他的政策。

造成这种改变最明显的原因是选举权的急剧扩张。政治家必须说服那些拥有选举权的人。但是,必须知道,只有人民是清醒的,说服才是一项智力活动。如果人民不关心政治问题,或者没有认识到默认政府腐败就是建立暴政的帮凶,广泛选举权可能导致蛊惑民心者或是民族主义者的独裁专制,人民若不清楚这些,就会追随一些口号和似是而非的承诺,或是一些不明就里的恐吓。这方面的例子在其他国家随处可见。25 年前,初次写作本书时,欧洲最有文化的人中还有一些人正遭受淫威专政。从那时起,许多人民尝试民主,但失败了。大不列颠的这个问题从未达到相当大的比例,因为选举权事实上落后于政治教育。直到最近才排除障碍,使所有人民有机会参与民主政治。事实上,选举权的扩大与逐步清除 18 世纪盛行的腐败同步进行,二者都有共同的原因,即中产阶级的政治教育。

毫不夸张地说,大不列颠出现民意引导政府或“政府讨好民众”,是由于政治教育的普及,而非选举权的扩大。舆论即便不能在竞选活动中或投票箱里表达,但也能影响政策。譬如,从 1707 年的联合到 1832 年的第一次《改革法案》,这期间苏格兰的所谓代议制根本不具有代表性。平民院里的苏格兰议员通常是由腐朽的寡头集团遴选,而这些集团受政府控制。因此,政府在议会里有 45 名苏格兰议员。因为根据平民院里的政治力量平衡来选择政府,英格兰在平民院里占主导地位。这好像可以推定,18 世纪,苏格兰选举权(注意,这是苏格兰议会消亡前的成就)的必然结果是永远对苏格兰不公平。事实恰恰相反,虽然苏格兰议员一直是"国王的朋友"、政府的支持者,但他们还是苏格兰人。他们继续效忠国王的前提是公正对待苏格兰。但是,不是由他们决定什么对苏格兰公正,而是由苏格兰的舆论决定。这是非常广泛的舆论。因为苏格兰教会的长老制已经教会了大多数苏格兰人民参与辩论和对公共问题的思考。在苏格兰教会的影响下,苏格兰的教育系统要比英格兰的好很多。英格兰教会当时反对教育,教会自身就是个寡头。例如,在英格兰技工对不列颠的英格兰政策产生影响之前,苏格兰技工早就对不列颠的苏格兰政策产生了影响。

尽管如此,在 18 世纪末,有迹象表明英格兰的政治教育也开始普及。小皮特 1784 年第一次当选,不仅仅是因为国王的所有竞选资源,包括 45 个苏格兰席位都由他掌管,而且因为查塔姆伯爵的儿子呼吁刚刚获得选举权以及还没有获得选举权的中产阶级公然对抗腐朽的议会多数派。当时西印度群岛在议会中的势力很强大,威尔伯福斯为了通过议会废除奴隶贸易,故意诉诸还没有获得选举权的中产阶级的“良心”。正是因为强大的舆论压力,辉格党在1830年被迫进行了选举改革。科布登和布莱特在抨击《谷物法》(Corn laus)时,更加激进。他们求助于工人阶级,当时工人阶级还没有选举权,但已经开始形成自己的意见。结果是,在饥荒时期,议会里多数赞同废除《谷物法》,而这些人中很多曾经是以维护《谷物法》而当选的。这种情况以及其他许多例子表明,没有人考虑公共政策时是从基本原理出发的。为了证明是否应当限制工厂里的劳动时间,不会收集自柏拉图和亚里士多德以来的文献。某个市镇的议员是在土地主的影响下才能来到议会,当然主要关心的是老主顾的意见。但是,老主顾和议员都是通过与他人的接触形成自己的意见。尽管小麦价格飞速上涨时,亚当·斯密的《国富论》会成为沙龙谈论的主题,但市镇酒吧里的讨论远比亚当·斯密的论述更加直接和重要。

当很大一部分民意成为政治自觉时,就开始要求选举权。这种舆论很快盛行,就像1832年那样,那就必须扩大选举权。如果当时某个政党能够利用这种民意,将其作为自己的政治纲领,就会出现《改革法案》,还是像1832年那样。但是,这种法案的直接影响并不显著，19 世纪的选举权改革并没有立即带来平民院议员特点或政党政策的变化。如果权力平衡发生了转移，就像 1832 年和 1867 年那样，就会有影响，但这种影响不可估量，因为民意同时也发生了改变。然而，选举权改革的重要性已经被过于强调。至少同样重要的是，整个 19 世纪，中产阶级更加具有政治责任，工人阶级更加具有政治意识。从学术意义上看，教育的普及非常缓慢，一部分原因当然是中产阶级的寡头集团认为教育普及会危及他们的政治霸权。这是民主进步的难题之一。没有教育，很难普及民主；没有民主，又很难普及教育。更重要的是，事实上，所谓的政治教育走在了学术教育的前列，甚至在目不识丁的群众中都有可能推行政治教育。长老会里的批评性讨论，可能要比长老会教会里的直接教育活动更加重要。在英格兰和威尔士，宗教机构从事的学校教育开始向下普及，但普及范围不广，也不够深入，直到 1870 年之后由政府担起普及教育的主要责任。实际上，更多人是在技校、工人俱乐部、工会和合作型社团获得了非常实用的训练。这些影响的效果都是不断累积的，因为日常的社会交往是传播理念的最有效方式。可能反谷物法联盟只是一小部分人，但其理念在工厂传播，成为酒吧里的谈资。纺织工人可能读了迪斯雷利对格莱斯顿的评价，就会成为一群人的信息员。当然，这里会出现信息上的混乱。

相对而言，全民教育、大众化报纸、广播和电视现在都能为大不列颠人提供选民指导。除了自己的工作外，很少有选民还具备任何专业知识，这是事实。但这一点在工厂和在大学公共休息室一样显著。我们的教育体制尽管在普及全面教育方面进步很大，但还没有为所有阶级提供平等的教育机会。然而，需要的与其说是很多知识，不如说是普通常识，是在普通场合辩论时，抓住讨论要点的能力。如果政府需要在理论上解决某个知识点，或是考虑具体事务的安排，只需要把问题交给哲学家和科学家就可以了。幸运的是，一般政策问题不属于这一类，对于诸如货币和黄金储备之间的具体关系这类问题，普通人通常都会依赖专家。当然，可能会有一些引人注目且似是而非的技术问题，如信用的性质，会导致普通人在专业领域无视专家。但是，一般来说，普通人不会去听复杂的辩论。普通人更关心的是结果，而非手段。

千万不要认为民意是从超然中立的视角考虑政策。普通人一般关心的是对自己、家庭和朋友的影响。他可能很快就会发现，共同体的整体福利中，他也有份。任何时候，普通人都会有很多利他主义的情感。所得税纳税人可能会急着去缴税，因为他认为这是共同体的利益需要。领养老金的人可能会给财政大臣捐一先令。处处可见公共服务志愿者的牺牲很大。同样，个人在投票时也会考虑共同体福祉，但他们是在个人利益的背景下考虑。土地主认为《谷物法》是国家的支柱，而实业家认为这阻碍了全民收入的增长，当然也阻碍了他自己收入的增长。最后，大部分人会为了共同体牺牲自己的利益，但他们通常认为，应当获取他们能够获取的利益，甚至更多的人认为，自己的利益和共同体利益是一致的。一个商人反对把自己的收益转让给国家，这是可以想象的，但他有可能不反对转让别的业务，譬如银行业。同样可以想象的是，工人们希望增加自己行业的工资，改善自己行业的工作条件，但并不必然希望其他行业也这样，因为这可能导致生活成本增加。但是，实践中，商人会和行业工会联合，保护他们共同的利益，工人也会与工会联合，保护他们的共同利益。这就形成了日常的观点冲突，结果是分别支持不同的政党。然而，这种结盟从来都不是清晰明确的，特别是，并非所有的工人都认为工党政策最适于保护他们和其他人的利益。此外，在这两个主要利益群体之外，还有很大一部分人，并且这部分人还在不断增多，他们有时站在这一方，有时站在另一方。

这一点或是其他任何理由，并不必然导致不可调和的对立。

大不列颠是一个小岛,人口具有很高的同质性。很少有人认为自己是英格兰人、苏格兰人或威尔士人。宗教分歧曾是一个痛点,但早已除去。人民相互依赖,不存在像美国这样的大国有时会出现的区域性的经济冲突。虽存在一些阶级分歧,但通常与经济分歧一致,既不广,又不深,通过对一方高税收、另一方高工资,基本就能解决。我们是一个紧密联系的经济体,具有许多的共同利益、漫长的爱国传统。人口密度为大不列颠提供了世界上最好的交流系统。当我们洗脸时,可以收听英国广播公司提供的新闻。不管在西部还是北部,在威尔士还是苏格兰,早餐时都能读到伦敦的报纸。1/5 的人口经常同时收看相同的电视节目。这并不稀奇。因此,共识的因素要比分歧的因素更多、更重要。通常在原则问题上都能达成一致的公共舆论,更多的是方法上的分歧,而不是目标上的分歧。

但是,政治争论超越了这些分歧。宪法必须提供一些解决措施。经典的民主理论认为,分歧主要是个人利益多元化的结果,因此,只有采取多数决定的方式来解决。这种观点无须以“最大多数人的最大幸福”为基础。聪明的个人能够认识到,整体大于局部,多数派与少数派合作要比压制少数派获取的更多。此外,如果形成压制的传统,当多数派沦为少数派时,他们就该成为专制的牺牲品。可以肯定的是，针对公共政策问题，没有谁的意见比别人的更好。专家只是在某一方面术有专攻，在决定一般政策方面，并不比其他人更有资格。

这是支持“一人一票”原则的论述。但直到 1948 年，废除大学选区，取消因“经营场所”而非居住在某个选区就享有投票权的规定，一人一票才完全落实。现在的规定很简单：“在任何选区……有选举权的人，是指那些在该选区居住达到一定期限，且在选举日是成年英国公民，不存在任何法律规定的无投票行为能力。”

二、人民的选择

广泛的选举权并不是民主的唯一标准。一切都取决于选民如何参与选举，能够选举谁。英国民主的基本元素是，英国政府的特点实质上取决于前一次大选。除了战争，至少每 5 年要有一次大选。参加竞选的候选人支持不同的政策，人民可以自由且秘密地投票进行选择。这些事实本身就很重要，且使英国民主区别于共产主义国家的“人民民主”，也区别于其他专制国家的独裁制度。这种制度的结果甚至更重要。根据大选结果,决定政府的立废。每一个平民院议员至多5年必须重新参与选举。政府的一举一动都要密切关注全国民意的动向。议员在平民院的每次投票都要考虑自己选区的民意。还不止这些,大选不仅产生一个执政者,还产生一个反对者。首相对面坐着反对党领袖。内阁席位坐着女王陛下的执政党成员,对面是反对党前排席位,坐着女王陛下的反对党成员。反对党领袖是首相替补人选。只要民意略微发生改变,把女王陛下的反对党转变成议会里的多数派,就能将其转换为女王陛下的执政党。因而,促使政府和议会对民意保持高度敏感。我们拥有一个民治的政府,不仅是因为人民常常可以自由且秘密地行使选择权,而且因为事实上整个政府组织——贵族院只是极少的例外——都与民意相契合。随着解释的展开,这一点会更加明显。本部分有必要分析这种民主选择,看它如何真实有效。

因为法律规定,所以,至少每5年,必须有一次大选。从1715年至1911年,议会最长连续任期是7年。但是,1911年当贵族院权力被削减时,议会最长任期减为5年。通常认为,平民院的实际权力增加了,多数派议员应该更频繁地更新“授权”。然而,这是条法律规则。和其他所有法律规则一样,议会能够对其进行修改。但是,这又与其他法律规则不同,平民院不能单独对其进行修改。因为《议会法案》使平民院在延缓1年后可以否决贵族院的决定,但专门排除了延长议会最长任期的规定。因此,这种法律既需要平民院同意,也需要贵族院同意。贵族院里保守党占据永久多数。因此,不管是工党政府还是自由党政府,在平民院占据多数时,没有保守党反对派的同意,无法延长议会任期。如果保守党执政,在平民院占据多数,或是保守党支持的联合政府执政,可能就有些危险。但是,如果没有很好的理由,通过延长议会任期的法律要冒政治风险。除非获得大多数选民支持,否则,政府这样做等于是送给反对党一个宝贵的宣传武器。平民院里部分本党支持者可能也会投反对票,因此,很可能在补选中失去席位。即使在这届议会中能维持多数,但当大选来临时,这种"违宪"的做法会成为遭到反对的重大理由之一,最终完全有可能被选民们抛弃。

如果保守党政府真的想要成为"独裁者"的话,英国宪法对它没有制衡。因为政府在议会两院都拥有多数,绝对控制了议会权力,就可以为所欲为。国王可能会出面,行使一些休眠的法律权力。在这种情况下,我们确实存在风险,因为我们没有成文宪法限制议会权力。然而,即便有一部成文宪法,所谓的制衡也会被忽视,就像许多独裁者所做的那样。但我们民主制度的根基与其说是依赖法律,不如说是依赖英国人民的意志,他们会通过一切方法抵御权力,防止权力侵犯他们已经赢得的自由。

事实上,只有在极其特殊的情况下,才能延长现有议会的任期。根据 1694 年的《3 年法案》,1715 年议会应当在 1718 年到期,但由于刚刚平定詹姆斯叛乱(Jacobite Rebellion),* 执政党担心自由选举的条件可能还不具备,就将自己的任期延长到 7 年。反对党据理反对,但从全国层面来看,反对意见好像并不多。不管怎样,在民主选举的情况下,今天的形势已截然不同。1911 年议会原定于 1915 年 1 月到期,但由于战争,通过了一系列年度法案,一直延期到 1919 年。事实上最终在 1918 年 11 月被解散。当时是联合执政,得到了 3 个主要政党的支持,议会两院都没有有效的反对党。1935 年议会通过年度法案从 1940 年延续到 1945 年,成为自 17 世纪以来任期最长的议会。这还是因为战争,也还是联合执政,代表了所有党派。

《议会法案》将议会最长任期确定为 5 年。但没有规定一

---

* 詹姆斯叛乱(Jacobite Rebellion)也被称为英王继位战,是指 1688 ~ 1746 年在大不列颠和爱尔兰发生的一系列暴动、叛乱和战争。这一系列冲突因詹姆斯的拉丁语“*Jacobus*”而得名。——译者注

届议会必须要干满 5 年。国王总是或几乎总是基于首相建议，随时可以解散议会。通常不到 5 年就要举行一次选举。执政党在平民院失败后，像 1924 年的工党政府，通常会诉诸人民。而且，新成立的政府因为内部不和，也会诉诸人民。例如，1922 年保守党议员收回对劳合·乔治（Lloyd George）联合政府的支持，组建了保守党政府。还有，工党政府辞职后，于 1931 年组建了联合政府。此外，执政者渴望实施一项新政策时，需要或者说应当取得"授权"。诚如鲍德温（Baldwin）爵士在 1923 年为实施保护性关税诉诸人民的授权。还有，执政者只占微弱多数时，像 1951 年的工党政府，想要终结这种不确定性也需要诉诸人民的授权。最后，执政者当然都会选择在对自己前景最有利的时候举行选举。如果允许议会任期届满，执政者可能正在短暂遭遇民意低谷，但还是不得不参与竞选。因此，议会正常任期届满前，通常都会被解散。基于上述原因，1918 ~ 1939 年 20 年的和平时期，我们不是举行了 5 次选举，而是 7 次。1945 ~ 1964 年，不是 4 次选举，而是 6 次。

理论上讲，选民选举的不是政府，而是议员。1832 年之前，平民院理论上代表的是县和镇，或者在苏格兰是区。尽管有例外情况，但大多数选区都有两名议员，每个选民可投两票。随着民主理念在19世纪的发展,这种制度设计忽视了选区规模和人口基数,被认为是不公平的。因此,1832年的《改革法案》赋予一些较大的商业中心议员名额,尽管它们不属于镇。同时,剥夺了一些商业中心的议员名额,尽管它们属于镇,赋予若干较小的商业中心只有一名议员名额。1868年,甚至有了更大的“再分配”措施,到1885年,“区域”代议制理论很大程度上已经被抛弃了,县和较大的镇已被划分为单个议员名额的选区。但仍然还有例外。1885年之前和之后都有两名议员名额的镇,仍然属于两名议员选区,选民有两票。如果在1918年镇还有两个席位,那就是即便在再分配方案生效后,它们还属于两名议员选区。只有到了1948年以后,“一人一票”“票票相等”原则才完全得到落实。

变革的过程是漫长的,不仅因为英国政治制度天生具有保守性,而且与“区域”代表制的情况有关。随便举一个例子:“考文垂市的巴布拉克、弗里斯希尔、霍尔布鲁克、拉弗德、舍伯恩等区”构成一个选区,但这根本就不是一个实际区域,没有理由在议会里作为一个代表。仅仅是因为便于人民集合起来选举一个议员而已。另外,考文垂作为一个整体,是一个社会、经济和(我们希望)文化共同体,具有独特性,理应在议会里有自己的代表。但是，这种论证具有双重缺陷。

首先，商业中心和县在议会里不再是作为一个整体被代表，或者说，如果不拆分的话，他们应当作为一个整体被代表。我们的问题是全国性的。任何议员如果反复谈论考文垂，就会令人生厌。代表考文垂的议员可能从未在考文垂生活过，他们中有人可能私下说过考文垂的不好。作为考文垂的议员肯定是一种荣誉，但议员的主要目的不是代表考文垂，而是根据自己的良心、党派或再次当选的机会进行投票。诚如柯克勋爵 300 多年前所说，尽管他由自己选区选举，但他“为整个共同体服务”。他基于全国性考虑参与决定国家政策。他不是一名“区域”性代表，不支持地方利益或地方情绪。他不会考虑自己选区的要求，尽管如果他彻底与他们决裂，他可能会失去他们的支持。他不需要是，可能也不是当地居民。

其次，随着现代政党政治的发展，多议员选区被认为是不公平的。如果一个选区有两名议员名额，这个选区包含了 45,000 名辉格党支持者，35,000 名托利党支持者，如果每个选民基于党派归属投两票，那么，这个选区会产生两名辉格党议员。如果这个选区被拆分为两个选区，一个选区包含 25,000 名辉格党和 10,000 名托利党支持者，另一个选区包含 20,000 名辉格党和

25,000 名托利党支持者,这就会产生一名辉格党议员和一名托利党议员。这并不是一个奇怪的特例。我们的许多市镇,在社会、经济,因此在政治上,都有所不同。过去我们曾有意识地夸张说,保守党是对抗自由党,因为居住区域迎着工厂。在大多数城市,这还是事实,因为西区是保守的。但是,如果我们两名议员选区的例子有代表性,托利党永远不可能赢得一个席位,除非能夺取 5000 名辉格党选票,那它就能赢得两个席位。

这个例子表明议席“分配”的重要性。还表明各党派不可能在原则或具体操作上达成一致。事实上,有些国家有“改划选区”的传统,不仅通过分配席位偏向执政党,而且通过改划选区赢得席位。上述例子可以用来说明这个问题。如果有 45,000 名辉格党支持者和 35,000 名托利党支持者,托利党最有可能在西区。南北画线划分这个区域,会选出一名辉格党和一名托利党议员。但是,同一个区域,如果东西画线,划分为两个选区,还是选出两名辉格党议员。

尽管必须说明,大多数政党领袖不愿意妥协,但通常还是试图达成合意。这足以说明英国政治的绅士风格。1918 年,联合政府执政,各方合意进行议席分配,由议长主持的委员会进行选区划分。1944 年,英国再次出现联合执政,提出了一个短期计划(1945 年实施)和长期规划。长期规划被工党政府修改,因此被反对党指责为改划选区。但是,1944 年和 1948 年,委员会再度划分选区。此外,现在法律稳定地确立了委员会,由法官主持,其任务就是每隔 10～15 年重新分配一次席位。北爱尔兰的席位固定为 12 席。大不列颠的席位大体维持在 613 席,其中,至少有 73 席是代表苏格兰,至少有 35 席代表威尔士。因此,平民院大约维持在 625 席,并随着人口变化而改变。事实上,自 1955 年以来,平民院有 630 席,这是一个非常庞大的议院。由于政党制度才得以掌控。

单一议员选区制的优势是选区规模相对较小,确保议员能够与本选区大多数选民建立个人化的联系。他们能够感受到自己是选区中的一员,有责任实现本选区利益。但是,推定选民们通常选某一个人,这肯定是荒谬的。除了候选人的党派标签,很少有人了解候选人的其他情况。英国政治体制与其他许多国家的体制有所不同,地方议员很少是选区“宠儿”。19 世纪曾有一种说法是“毛毡旅行袋”候选人。这些候选人在选举开始时,带着毛毡旅行袋来到选区,在当地旅馆住几周,然后,要么欢呼着去往威斯敏斯特,要么垂头丧气地从哪里来还回到哪里去。这个术语现在已经不用了,不仅是因为见不到毛毡旅行袋了,还因为几乎所有候选人都是“毛毡旅行袋”候选人。他们由地方政党组织选择,但地方政党组织是全国性政党的分部,他们主要关心的是选择“党的好男人”,未来能够在议会支持全国性政党。如果当地能够找到一个合适的候选人,当然是再好不过。但他不可避免地要和其他地方的强大候选人竞争获得提名。当然,威尔士选区支持威尔士人,大多数苏格兰选区支持苏格兰人。但很少出现一个米德尔顿人代表米德尔顿。选民也不会在自己熟识的人中寻找能在议会代表自己的合适人选。他们在家、工厂和俱乐部的政治讨论中习得政治知识。他们通过读报纸获得选举预测,报纸也会迎合他们的其他需要或是他们妻子的需要。他们从新闻中了解这些著名的政治家和他们的政策。他们通过无线电收听政党领袖的讲话,通过电视了解他们。然后决定哪个政党——如果有的话——能够得到他们的支持。

因此,候选人获得的选票与他自身的品质关系不大。一个非常好的候选人可能通过刻苦的“培育”获取几百张选票。如果一个著名的米德尔顿人碰巧当选了,他获得的上千张选票可能都是投给他,而不是投给他所在的党派。一位优雅的贵族长相帅气,或是有一位亲切的太太,都可能成为街头巷尾的谈资。这些因素在个别选区可能是有用的,但整体而言,还是党派标签在发挥作用。不仅日常经验能够证明这一点，而且选区的抽样调查或对 1948 年前存在的双议员选区的投票进行分析，都能证明这一点。譬如，布莱顿有两个议席，该选区每位选民都有两票。假定该选区两名保守党候选人中有一位比另一位更能干，更受欢迎，也更有说服力。在此情况下，如果选民选的是候选人，而不是政党，那么两个候选人的选票应当会有显著不同。实际上，所有双议员选区，两名保守党候选人、两名自由党候选人或两名工党候选人，分别都会获得几百张选票，很少有例外。这就是说，选民投票是基于政党政策，而非候选人的个人品质。在绝大多数选区，选举与候选人的个人品质毫不相关。“稳定席位”的代表由地方政党组织选择。席位归属不确定的选区代表只受两个因素影响，一个是政治观点的较量，另一个是地方政党组织的选择。几乎在所有情况下，都是政治标签重要，而非候选人重要。

结果很重要。譬如，地方政党组织承担着巨大的公共责任。但是，就本书的关注点来说，这种情况极大地降低了单一议员选区制的价值。选举的真正目的不是让米德尔顿地区有一个代表，而是让所有米德尔顿人联合起来，通过选举平民院里的多数派，选择一个政府。米德尔顿的个人可能希望有代表能把自己的诉求带到各位部长那里——约翰·史密斯想知道为何他没有退休金;赫伯特·托马斯认为“家计调查员”没有给他足够的补贴;商会希望迟交信件;当地同业公会认为应当给当地工业一些帮助。但是,任何一个积极的议员都能做这些事,不需要非常了解米德尔顿。重要的是,单一议员选区将导致不同政治力量间的平衡。实际上,这正是他们经常做不到的事情。

首先,一个选区里的少数派完全没有议员代表,除非该党派选民在其他选区能占据多数。譬如,1964 年的萨默塞特郡(包括巴斯),保守党以 162,000 张选票赢得了全部 7 个席位,而工党获得了 116,000 张选票,却没有赢得一个席位。如果萨默塞特郡是一个独立的“共同体”,有自己的理想和愿望,这将是不可忍受的。但是,事实上,萨默塞特郡的工党选民被其他地方选举的工党议员所代表。再如,在达勒姆县(包括自治镇),情况正好相反。工党以 492,000 张选票赢得了全部的 18 个席位,而保守党获得了 274,000 张选票,却没有赢得一个席位。

单一议员选区制产生的是奇特的代议制。英国政治的同质性有助于抵消这一点。自 1945 年以来,两个主要政党所获选票比例与他们赢得的席位比例之间的差异表明,并不完全如此。对于小党派来说,这种奇特之处就更加显著,把所有或几乎所有选区纳入考虑,它们也没有候选人。譬如,1966 年,自由党提名了 311 个候选人,获得了 2,328,000 票,但只赢得了 12 个席位。

年份	保守党		工党	
	选票(%)	席位(%)	选票(%)	席位(%)
1945	40.0	33.3	48.0	61.4
1950	43.5	47.7	46.1	50.4
1951	48.0	51.3	48.8	47.2
1955	49.7	54.8	46.4	44.0
1959	49.4	58.1	43.8	41.0
1964	43.4	48.1	44.1	50.3
1966	41.9	40.1	47.9	57.6

其次,这又引出另一个问题。导致这种奇怪现象的原因不仅是单一议员选区制,事实上,在许多选区,不是 2 名候选人,而是 3 名,甚或更多。虽然保守党或工党可能希望在一个地方失败了,到另一个地方补上,但诸如自由党这样的小党派则不能。理论上来说,小党派有可能获得了总选票的 1/3,却拿不到一个席位。因为在每个选区,要么是保守党,要么是工党,成为得票最多者。但这是理论上。如果竞争非常激烈,地方政党肯定会有协议,当地的保守党(或工党)在某个选区放弃自己的候选人,以便在另一个选区得到自由党的支持,从而击败工党(或保

守党)候选人。尽管如此,事实上,自1918年以来,自由党在选民中要比在平民院享有更大的支持度。

结果是平民院里的代表呈现的是扭曲的全国民意。譬如,大多数人对1918年大选的整体印象是劳合·乔治勋爵的联盟以"绞死恺撒""让德国偿还""适合英雄居住的国家"等口号横扫全国。联合政府在平民院里有525个支持者,反对党有181票(包括爱尔兰新芬党的73票,其代表比例过高)。但是,如果每个政党的议员数与其获得的选民票成正比,执政者会有395个席位,反对党有311个席位。实际上,支持"让德国偿还"等口号的多数是344票,应当还需要84票。有人可能认为,并且确实有人提出,如果没有这么多"严厉的面孔"盯着劳合·乔治勋爵的一举一动,并且每项宽容对待战败者的提议都会得到激烈抗议,那么,《凡尔赛和约》可能会截然不同。

这是一个严重的谴责。并且,如果前一届议会没有否决议长会议的某些提议(这些提议的主要内容成为1918年新选举法的基础),谴责也不会如此强烈。议长会议已经同意在单一议员选区的选票上使用备选选择。这意味着选民不再是在候选人名字对应处画"×"选出一人,而是根据偏好将候选人排序。如果没有候选人获得绝对多数,投给得票最低者的第一选择会被

略去,计算其第二选择。譬如,假定第一选择统计结果如下:

乔姆利(统一联盟):	25,000
卡德伯里(自由党):	20,000
琼斯(工党):	15,000

假定大多数工党选民的第二选择是自由党候选人,但是,假定还有 2000 票投给了统一联盟,3000 票根本就没有填第二选择。那么,结果如下:

卡德伯里(自由党):	30,000
乔姆利(统一联盟):	27,000

这种结果据称更为公平,因为大多数选民更支持自由党,而不是统一联盟。

此外,议长会议提议,拥有 2 名以上议员的较大市镇应当合并为一个选区,并基于比例代表制采用单一可转移选票制。比例代表制和备选选票的情况一样,每个选民根据偏好对候选人排序。但是,二者的区别是,根据备选投票制,每个选民为每个候选人投一票,而根据比例代表制,至少有 3 名议员,每个选民只有一票,且根据选民的偏好顺序递补。

假定一个镇,在单一议员制下将会出现 3 位联合候选人,根据比例代表制形成一个选区。第一偏好可能分配如下:

第一轮计票

乔姆利(统一联盟):	85,000
卡德伯里(自由党):	65,000
伯克利(自由联盟):	50,000
琼斯(工党):	45,000
弗赖伊(自由党):	20,000
张伯伦(统一联盟):	15,000
	280,000

总共是280,000张选票,需要选出3名议员。如果有候选人获得70,001张选票,他肯定当选,因为3×70,001=210,003。第四个候选人最多只能获得69,997张选票。所以,乔姆利多出14,999张票。如果要让每张票都发挥同样的作用,我们必须把多余的票分给其他候选人。现在开始考虑投乔姆利票的第二选择。我们发现它们以某个比例分配给了其他候选人。根据那个比例,分配14,999张选票,[1]得出如下结果:

---

〔1〕为方便解释,假定每个选民都完整填写了偏好清单。实际上,许多人只投给一个人或是只投给联盟候选人或自由党候选人。

第二轮计票

乔姆利(统一联盟)：		70,001
卡德伯里(自由党)：	65,000+200	=65,200
伯克利(自由联盟)：	50,000+1000	=51,000
琼斯(工党)：	45,000+100	=45,100
张伯伦(统一联盟)：	15,000+13,599	=28,599
弗赖伊(自由党)：	20,000+100	=20,100
		280,000

在第二轮计票中，除了乔姆利，没人获得70,001张票，所以，我们必须把得票最低的候选人票的第二选择进行分配。或者，如果有100张票的第一选择是乔姆利，第二选择是弗赖伊，那么只能看这100张票的第三选择。结果如下：

第三轮计票

乔姆利(统一联盟)：		70,001
卡德伯里(自由党)：	65,200+14,000	=79,200
伯克利(自由联盟)：	51,000+5000	=56,000
琼斯(工党)：	45,100+500	=45,600
张伯伦(统一联盟)：	28,599+600	=29,199
		280,000

卡德伯里现在已经超过定额指标,我们可以像分配乔姆利多余选票那样分配卡德伯里多余的选票,得出如下结果:

第四轮计票

乔姆利(统一联盟):		70,001
卡德伯里(自由党):		70,001
伯克利(自由联盟):	56,000 + 4000	= 60,000
琼斯(工党):	45,600 + 5000	= 50,600
张伯伦(统一联盟):	29,199 + 199	= 29,398
		280,000

这时,张伯伦必须被淘汰,我们根据次优选择分配他的选票,得出如下结果:

第五轮计票

乔姆利(统一联盟):		70,001
卡德伯里(自由党):		70,001
伯克利(自由联盟):	60,000 + 29,000	= 89,000
琼斯(工党):	50,600 + 398	= 50,998
		280,000

因此,最终结果是,如果分为不同选区,应由 3 名联盟成员代表该选区,但现在则由 2 名联盟支持者和 1 名反对党议员代

表该选区。此外，如果工党的人气略有上升，琼斯则有可能达到定额指标，取代伯克利成为当选议员。

议长会议推荐了这种制度，但遭到了平民院否决。贵族院重提这种建议，但否决了备选投票。最终两院达成协议，备选投票和单一可转移投票都不见了，只在产生两个或更多议员的大学选区保留了单一可转移投票。议长委员会还策划了一种方案，基于比例代表制选举 100 名议员。但都没付诸行动，1927 年因过时就被废除。

备选投票和比例代表制乍看之下颇有魅力，好像是毋庸置疑。可能需要注意的是，如果比例代表制适用于商业中心或是 100 个选区，那就适用于整个国家。这样，就不需要备选投票了。备选投票毕竟不如比例代表制。但是，适用条件是商业中心人口密集，而一些乡村选区覆盖面积广。比例代表制能有效发挥作用的地方应该是每个至少有 3 名议员名额的选区。譬如，苏格兰北部 3 个巨大的选区合成一个选区，覆盖面积可能达 400 万英亩。

第一，我们分析备选投票。其首要结果是鼓励三角竞争或四角竞争,对于不可能赢得绝对多数或相对多数[2]的候选人来说,他们希望能在第二选择上胜出。回到政治实践,这在1914年之前,会鼓励工党推出更多的候选人,因为工党候选人期望成为自由党选民的第二选择。自1918年以后,这会鼓励自由党推出更多的候选人,因为自由党候选人期望成为保守党选民和工党选民的第二选择。

第二,从结果上来说,这会导致更多执政者在平民院无法获得多数票。在1922年、1923年、1924年、1929年、1950年、1951年和1964年就很有可能没有一个政党能获得多数席位。当然,也会导致更多选举,因为占少数席位的政府比占多数席位的政府更容易解散。

第三,这会导致各政党在选举前进行谈判。如果没有一个政党获得多数席位,就在平民院或联合政府中进行谈判。此外,候选人之间也会有交易,通过选举承诺博取第二选择。这在1918年被称为"滚木法"。在平民院的一次辩论中,乔治·杨格(George Younger)爵士表明,如果各政党之间能够达成协议,选民根据党派指令填写第二选择,1910年选举结果会是如何。有

〔2〕 这是一个美国术语,用于指某个候选人的当选,不是因为获得了全部选票的绝对多数,而是因为他是所有候选人中得票最多的一位。

趣的是，在 1929 年选举中，一半以上的议员以相对多数当选。其结果可列表如下：[3]

情形	保守党	自由党	工党	其他	执政者
实际结果	260	59	287	9	工党（少数席位）
保守党—自由党“交易”	368	76	162	9	保守党
保守党—工党“交易”	291	19	276	9	保守党（少数席位）或联合执政
工党—自由党“交易”	112	139	354	9	工党

这过于简化，无法精确描述实际中的下列状况：许多选民不会遵守政党决定；地方“交易”复杂混乱。但是，上表确实表明，与其说是选民，倒不如说是政党负责人决定了选举结果。

第四，备选投票制相当于第二选择。如果第一选择是得票最少的候选人，其第一选择就给了别的候选人。显然，第一选择要比第二选择更重要。其结果不是确保大多数人认可的候选人当选，而是让没有受到强烈反对的候选人当选。通过把第二选

〔3〕 如果没有“交易”，就会出现实际结果。

择轮流分配给每个候选人就证明了这一点。[4]

在平民院的一次辩论中,史密斯爵士(后来的第一勋爵伯肯黑德)说道,上届议长给出了16个理由反对比例代表制,有些常见的理由几句话就能驳回。比例代表制要求选区要有多个议员名额,因此有时就要求选区覆盖面积广。但是,整体上来说,英国人口密度大,即便是在苏格兰北部,多议员选区比加拿大、澳大利亚、亚洲或非洲的单一议员选区还要小。此外,有观点认为,比例代表制导致议员和选区的联系不那么紧密。这是毫无

[4] 因此,

(1)第一选择的结果:

乔姆利(保守党)	20,000
卡德伯里(自由党)	15,000
琼斯(工党)	10,000

(2)分配琼斯票的第二选择:

卡德伯里(自由党)	23,000
乔姆利(保守党)	22,000

(3)分配卡德伯里票的第二选择:

乔姆利(保守党)	29,000
琼斯(工党)	16,000

(4)分配乔姆利票的第二选择:

卡德伯里(自由党)	33,000
琼斯(工党)	12,000

唯一能确定的结果是,选民不希望琼斯当选。根据备选投票制,卡德伯里当选,但只有1/3的选民真的希望他当选。当然,在实际情况中,最终结果将由“滚木法”决定。

疑问的，但这不是很重要。一方面是因为选民真正选的是政党；另一方面是因为在很多情况下，选民能够和政见相同的议员交流。自由党议员承担着全国所有自由党支持者的诉求。有些选民向其他选区的议员写信，就是因为他们宁愿给魔鬼写信，也不给自己的议员写信。另一个反对意见是比例代表制太复杂。但它只是对选举监察人来说复杂，对选民来说并不复杂。选民只需要在候选人名字对应处写序号。整体来说，选民都是识字的人，废票数量不会太多。最后，比例代表制不适用于替补选举，但这不能成为其不适用于大选的理由。

但是，比例代表制有一个后果则是见仁见智。英国目前的制度有助于维持两党制。随着工党的强大，如果这套制度破碎了，将会成为推动工党回归的强大力量。这是否属于英国希望的结果，取决于两党制是好还是坏。下一章会阐释为什么说两党制是好的。但有许多人并不认同，特别是那些属于中间党派的人，因为中间党派正在消失。重要的是，虽然自由党自 1918 年以来一直支持比例代表制，但不管是工党还是保守党都不支持。尽管在 1917 ~ 1918 年，意见分歧较大，而且党派界限是流动的。

根据目前的制度，一个候选人要想当选，必须确保获得的选票数最高。如果他一开始就具有党派“标签”,就当然获得该党选票。一般选民都是针对某个政党进行投票。事实上,选民所做的就是选择一个自己希望其执政的政党。自 1945 年以来,选民只能在保守党和工党之间选择。除了 1964 年,至少 90% 的选票投给了这两个政党,其他政党没有候选人能获得多数。选民只有一票,自然希望用这一票支持现任执政者,或者选择一个能取而代之的。这是两党制的部分原因,也是其主要结果。因为选民希望能有助于选择一个执政者,所以,要么是投给执政党,要么是投给主要的反对党。但他希望能有助于选择一个执政者,是因为我们是两党制,而且他只有一票。

但是,如果他的票是可转移的,其他考虑就能发挥作用。他不仅希望选出一个政党,还希望踢出一个政党。因此,大多数保守党会偏爱一名自由党议员,而不是一个工党议员。大多数工党选民会选择一个自由党,而不是一个保守党。因此,三角竞争会让自由党获利。结果很可能是没有一个政党能获得多数席位。并且,自 1918 年以来,除了 1931 年和 1945 年,任何一次选举都可能如此。此外,这可能不会是临时现象,就像我们分析 1922 ~ 1935 年的情况那样,而可能是一个永久性特征。一旦这种情况出现,我们就偏离了两党制,选民不再选择一个执政者,而是选择一个群体。两党制的支柱将被破坏，不仅选票上靠后的选择会重新分配，第一选择也会重新分配。而且，这个群体不再限于保守党、自由党和工党。任何一部分民意只要能在任何一个选区获得足够多的支持，就可以推出一个候选人。选民不再根据哪个政党应当执政进行投票，而是根据自己特殊的利益需求进行投票。因此，比例代表制被称为鼓励“派系”的运动。我们目前的制度把局部性民意引导到某个政党里，从政党中选择代表，或是争取得到两党议员的接受。依据比例代表制，局部性民意将成为不同派系的基础。

因此，我们的平民院不再分为执政党和反对党，而是分成不同的集团。每一届政府都应是一个联盟。此外，这种联盟不是1918～1922年或1931～1939年的那种联盟。这些联盟中各个政党都是独立的组织，但他们作为一个整体参与竞选。各政党之间根据协议分配执政候选人。一个自由党联盟并不对抗统一联盟，自由党联盟也不对抗保守党。根据比例代表制，联盟更不稳定。除了临时准则，没有选举协议。选民投票选择候选人或政党，而不是像现在这样，投票选择执政党。

第二章　党　治

一、政党政体

约翰·斯图尔特·密尔写过一本著作《代议制政府》，竟然没提政党。今天，如果要真实描述英国宪法，必须以政党开篇，以政党结束，中间还要详细讨论政党。有人详细解释过政党的影响。他们认为，政府工作急迫而又复杂，不能成为政党争议的主题。他们希望议会成为"国务院"，可以不受党派意识的影响，可以自由地思考国家面临的问题以及解决这些问题的方案。他们希望汇聚全国智慧，而不希望借助议会平台分裂成两派。他们不喜欢当需要采取行动时，还有争执。他们呼吁政治家要"团结一致"，而不是掌舵的呼吁"向前"，划桨的呼吁"向后"。

这是个有趣的话题。继续用划船的比喻。难题是，关于谁来做舵手并没有一致意见。如果舵手表示他的想法是把船转向堤坝,我们不能期望任何一方都把劲儿往一处使。并且,政治上的难题是关于堤坝在哪,观点也存在分歧。民主假定的前提是,对于政府应当遵循什么政策存在不同观点。坦诚的人都不会说某个政策比别的政策好,他最多只能说他认为某个政策好。通常会发现,主张政党无益的人非常坚信自己的观点,却没有意识到这就是党派意见。他想要一个"国务院"来执行他的政策。真正的民主主义者并不相信他一贯正确。因此,他要容忍其他人的意见。此外,由于并不存在解决这类争议的上诉法院,所以,他默许了计算选票的制度。至于什么对人类有好处,多数票并不一定是最好的决策者。但对于什么是对多数人有好处,多数票可能比少数票更适合做决策者。如果多数票也能宽容异己、合乎情理,那么,在此过程中,就不至于伤害到少数人。

宽容在英国是一项悠久的原则,从 17 世纪的斗争中逐渐发展起来。尽管法律已经承认了宽容原则,但它更多的仍然是一种观念和态度。但是,不只是宽容让民主政府得以运转。对我们来说,多数并非固定不变。个人利益和国家利益都存在不同观点,各种观点都易于改变,并且有相当数量的人确实经常改变观点。个人观点不仅波动,而且有时还会出现大反转。"摇摆"

是英国政治中最为人熟知的特征。因此,政党能够并且也确实诉诸理性。多数派是不稳定的。今天的反对党,明天可能就成了执政者。这点很重要,不能忽视。这让少数派甘心,甚至是乐意,服从多数派的政策。如果少数派永远是少数派,只能受到多数派的压制,绝不可能翻身,那么将是截然不同的境况。

政党划分若不以观点分歧为基础,则很危险。我今天是保守党,明天是社会主义者。两个政党都谋求我的支持,因此都会关心我的利益。抛开犹太人和非犹太人之间的宽容。只要犹太人支持两个政党,政府就不会压制犹太人。同样,只要苏格兰人支持保守党、自由党、工党和非苏格兰民族主义者,就不会有“对苏格兰人的不公”。但是,如果英格兰人支持英格兰的政党,苏格兰人支持苏格兰的政党,那么,要么苏格兰人受到压制,要么联合王国就会解体。这样说,并不必然是指责爱尔兰。尽管因为宗教歧视,导致爱尔兰运动出现,但并不必然得出,只有维系爱尔兰或维系苏格兰,才能维持联合王国。至此,论述的观点是,除非以不断变化的观点为基础,否则,政党制度无法运行。保守党政府可能说服我,让我迅速变成保守党成员。但它不能改变我的出身、我的语言、我的民族或族姓等级(如果我有的话)、我的宗教信仰,甚或是我的经济地位。

这并不是说上述因素对党派选择不重要。我们也将看到，有些因素在英国政党的发展或偏见中发挥了深刻影响，但没有一个政党上台执政，实质上是基于某种(些)不可改变的因素。英国政党真正是包罗万象。无论是政党组织，还是有关的政党政策，都不会基于出身、宗教信仰甚或经济地位，排除任何支持他们的人。保守党党员并不都是资本家，工党也不完全是由工人组成。

这种包罗万象的特征使政党政策范围较宽。每个政党都包含有不同意见的成员，也吸引不同意见的支持者。这让我们区分反对党和阻挠者。爱尔兰民族主义党因为坚持自己的计划而阻挠，但其他政党则是想要诉诸人民来支持他们自己的计划而反对。英国政党只是偶尔做阻挠者，如同 1911 年《议会法》和 1927 年《贸易争端与工会组织法》。当时是因为，反对党认为执政者暂时处于多数，但它不公平地利用了这种优势。因此，并不是这些政党要推向不同的方向。实际上，只有一个政党在用力，其他政党只是批评。反对党提出告诫，通过告诫试图改变舆论。当他们说会出现某种结果，如果这些结果真的出现了，显然令几十万选民讨厌执政党，政府将被瓦解，政策会按照不同群体的要求发生转向。

此外，这种包罗万象的事实让执政者和反对党都诉诸几十万选民，最终产生实际结果时，分歧不会很明晰。平民院还有从根本上的反对意见，但他们在任何一方通常都不占多数意见。白芝浩很早就指出，自由党和保守党的分歧并不大。事实上，在他写这句话时，皮尔首相废除《谷物法》，采纳科布登（Cobden）的政策，*才只有 20 年。帕默斯顿（Palmerston）得到保守党默许，治理这个国家才一年，整个国家在某些问题上已经出现了严重分歧，如 1886 年的《地方自治法》（Home Rule Bills in Zrelard）和 1910 年的《议会法》。然而，保守派多数赋予爱尔兰地方自治以及其他更多权益，而 1910 年议会任期届满前，安德鲁·博纳·劳（Andrew Bonar Law）正是阿斯奎斯的得力助手。工党的出现和对社会主义的追求还没有产生不同影响。我们都是集体主义者，并且持续长达半个世纪。在这个问题上，还要多说一句，但也是解释这样一个事实：英国政党确实没有妨碍政府，反倒让政府更能与民意保持一致。

议会里的反对党毫无疑问降低了政府效率。如果没有批评

---

* 科布登（1804～1865 年），英国政治家，自由贸易政策的主要推动者，被誉为"自由贸易之使徒"。1839 年组建反谷物法联盟，促使国会在 1846 年废除《谷物法》。——译者注

意见，政策落实会更容易。除了确实迫切需要立即实施外，从决策到着手实施，这期间肯定比独裁国家耗时要长。然而，英国政体是世界上效率最高的，原因有许多。通常认为，民主社会必然比独裁社会效率要低。但是，要注意，从发现最初的错误或投诉到补救这个错误，期间的过程必然复杂。要通过层层官僚，直到能够做决定的那一层。接下来是决策期间。一人独裁可能比内阁制耗时要长。接着是必要的颁布命令阶段。最后，救济措施落实前，还有一个官僚阶层的过滤过程。所有国家的过程大同小异。但是，如果有一个立法机关，有时在立法通过之前，可能没有颁布任何命令。这时，政党系统可能会介入，导致拖延。但是，其他程序会缩短。英国的这些程序通常比较简短，譬如，比希特勒统治下的德国要简短些。而且，议会制有一个重要优势，议会里的辩论或质询就可以把某个具体的错误带到最顶层。德国人只有通过庞大的官僚系统才能将信息送达希特勒。任何英国人都可以通过自己的议员接触到内阁。此外，所有国家的政治决策都依赖于民意。但是，专制国家难以确定民意是什么。尤其当媒体言论受到钳制时，更是如此。在英国，各种观点畅所欲言，而且主要集中在议会。可以说，每天下午，当内阁去议会，征询是否有投诉时，反对党立刻就会异口同声说："有，阁下"。

尽管如此,大多党派争执都是打太极,或者是用木制刀具虚晃一枪。譬如,一位保守党议员,他很明智,要向他的选民交代。政府阁员都是希望赢得下届选举的政治家。正是得益于他们的支持,才组建了政府。因此,政府绝不能犯错误,或至少承认这一点。另外,反对党成员都是想在下届选举中获胜的政治家。所以,反对党就是挑执政者的刺儿,并相信执政者的行为最易招致非议。双方都在夸大事实,尽管在平民院内不像在公共论坛那样夸张,但足以让大众媒体的读者留下印象,即平民院就像大混战那样嘈杂、无效。从整体上来说,议会双方都争取获胜。但有时,议会各方各派一个人,经过两场"漂亮的战斗性演说"之后,有人就会想,如果没有人做"战斗性演说",真理(中间也可能有谎言)就很难胜出。但这只是政党冲突新近的反常表现,主要是因为低俗报纸的出现。这好像就要过时了,因为在电视上慷慨激昂是喜剧演员的特长,政治家理应是一位绅士,但是,礼貌更容易随场景而改变。

二、政党简史

英国的政党,与英国宪法一样,历史悠久。其历史有多长,取决于历史学家从哪个角度来定义政党。当今的政党是一个复杂的组织，由不同职能的各个机构组成。每个机构和每项职能都有其历史。和所有政治机构一样，政党也是在不同人的影响下，不断演化，以适应不断变化的时代。并不是主要政党的所有特质都有50年以上的历史，但有些特质已经有300年的历史。事实上，如果谈到“保守主义”或“自由主义”，这类理念或态度自人类成为政治动物以来就已经存在。尽管工党作为一个组织只能追溯到1899年（当然，它的一些选民要更年长一些），但有的历史学家认为它的历史更长。从其起源来说，它是通过政治行动维护工人阶级利益的组织，因此，历史学家将其追溯到1381年的农民革命。

但是，从1642年起算更可靠。当时，一小部分人在政治意识上出现分歧，划分为保皇派和支持议会者。这还不是保护查理一世王权的保守派与支持议会的改革者之间的斗争。这种分歧对个人来说很复杂，对家庭来说甚至更复杂，许多情况都是由内战造成的分裂。但是，在王权一方，教会和国王联合。长期议会*实质上在限制王权方面达成一致,围绕国王的宗教政策发生了分裂。支持国王查理的人实际上支持他的宗教观。反对他的宗教观的人就成了反对国王查理。另外,口号不能支配历史。1645 年之后,长老会成为保皇派,因为国王已被打败,问题成了他该怎么办。和所有革命一样,主流意见开始左倾。一旦走到极左,不可能再左时,就崩溃了。查理二世于 1660 年回国,几乎得到一致支持。

若说清教徒和共和党人转到地下,给人一种地下抵抗运动的印象,事实上并不存在。还有清教徒,后来称他们为持不同意见者,也还有共和党人,但他们不再是政治组织。积极表达意见的是安立甘和保皇派。当怀疑查理二世转向罗马天主教,并得知他的弟弟和继承人约克公爵——詹姆斯也转信天主教时,既是保皇派又是安立甘信徒的人就要决定,是否还要保皇,以致必须接受一个信奉罗马天主教的国王,还是坚信安立甘,不能接受信奉罗马天主教的国王。第一个公开提出废黜约克公爵议案的人(沙夫茨伯里伯爵一世,有时称之为最早的辉格党人)具有长

---

* 长期议会(Long Parliament)是指 1640 年 11 月由查理一世召集,1653 年被克伦威尔解散,后又于 1659 年复会,并一直持续到 1660 年 3 月的一届议会,因存续时间长而得名。此届议会召开后即通过了一系列限制国王权力的法案。——译者注

老会背景,这一点很重要。如果詹姆斯二世不是这么固执的斯图尔特王室成员,可能会因为一个信奉罗马天主教的国王引发第二次内战。然而,事实上,1688 年民意就像 1640 年那样,再次出现一边倒。有人不支持威廉取代詹姆斯,但希望能通过摄政或其他办法,既不否认詹姆斯的王位,又承认他不适合掌权,因此出现分歧。所以,1688 年革命不是辉格党革命,但是被辉格党人盗用。因此,如此多的老保皇派或托利党人,无法接受革命和解协议。对托利党人来说,情况更糟的是,詹姆斯两个信奉新教的女儿——玛丽二世和安妮,身后无嗣,两个皇家血脉——更不要提詹姆斯的男性后嗣——都因为信奉罗马天主教徒而被排除在外。直到 1746 年卡洛登战役中击败詹姆斯国王的孙子查尔斯·爱德华·斯图尔特,才能说斯图尔特和汉诺威,托利和辉格之间的问题算是解决了。

尽管我们说到辉格党和托利党,但必须指出的是,这里的“党”并不是政治组织。事实上,“党”这个词很大程度上是历史学家的发明。辉格这个词用来指完全接受革命和解协议和汉诺威继承王位的政治家。托利这个词用来指那些持有不用意见的人。不管这种不同意见是促使他们和詹姆斯国王及其王室一起逃亡,或是促使他们躲避乡野,不问世事,拒绝宣誓效忠一个只是斯图尔特家族远房成员的国王，抑或仍然留在伦敦，嘴上承认汉诺威为事实上的国王，私下里效忠“漂在海外的国王”。另外，当时很少有人用辉格和托利这两个词，反而是后世历史学家更常用，他们根据19世纪的政党史解读1688年至1714年的分歧。

然而，如果我们一定要用现代术语，就必须说明，18世纪的大部分时期，当然是从1714年至1784年，大不列颠没有政党制，而是派系制。每个著名的政治家都有一群支持者，没有准确的界定，也不会很庞大，通常称为他的“联盟”。一旦他掌权了，他的联盟都期待谋一个职位、获得一些津贴或是得到一些荣誉。如果他失去了权力，他可能会也可能不会召集他的联盟退出。如果他召集了，通常他会发现，他的联盟并不像他想象的那么多。所有政治家的联盟加起来还不到平民院人数的一半。其他人大都很少参加，或在“整个会期”只参加很短一段。由于行政部门还在国王手上，不适合反对。政府的某项具体举措可能会被否决，因为国王也会被奸臣误导。但是，若反对政府政策，通常就是“不合作”、不忠诚，甚至几乎是反政府。因此，通常来说，不赞同国王政策的人都会缺席。还有人可能赞同国王的政策，但不愿屈尊于汉诺威国王的朝中，或是不愿与辉格党政治家共事，就只是偶尔来伦敦一趟。事实上，尽管乔治三世统治早期，还在使用“托利”这个词，但它几乎和“独立乡绅”是同义词。辉格党联盟由乡绅组成，但因为家族联系、个人忠诚、个人利益，或可能三者均有，导致他们并不独立，他们都是“联盟”成员。

托利主义和独立乡绅之间的联系并不完全是偶然的。博林布鲁克子爵（Viscount Bolingbroke）作为一个政治家失败了，但在新的职业上，作为一名政治鼓吹手，则相当成功。他完全反对“辉格”制，试图表明政党政治（如果我们能这样称呼的话）违背英国宪法。他希望国王在选择大臣时，不用考虑政党支持，依据“政策而不是人”来进行统治。历史学家们曾经对乔治三世是否模仿博林布鲁克的爱国国王形象存有争议，但博林布鲁克确实影响了一个人，不管这个人怎么称呼自己，他肯定是最伟大的托利党人，那就是查塔姆伯爵威廉·皮特。皮特的联盟是辉格党。在与辉格联盟联系起来之前，他几乎不起什么作用，只是充当议会演说家。根据他的保皇政策，他自称是最伟大的托利党人。和许多政治术语一样，“保皇”现在也成了一个被滥用的词。保皇主义当然只是英国版的情感民族主义。在皮特时代，英国民族主义受到法国波旁王朝巨大权力的威胁。皮特的同代人在国王乔治二世（既是大不列颠国王，又是汉诺威选侯）的支持下，试图通过资助德意志联邦来削弱法国的权力。皮特也使用这种方法，但他的主要目标是削减法国在其末端的影响力，如北美、西印度群岛、非洲和印度。此外，他还试图寻求北美殖民地的支持，不再把它们当作附属国，而是视作合作者，海外英国人有资格享受英国公民所有的一切权利和待遇。他的态度表明，当乔治三世的政府试图要对北美殖民地施压时，查塔姆伯爵和埃德蒙·伯克却是他们在议会里的最大支持者。

法国革命转向政治暗杀和独裁时，党派分歧才开始显现。大多数托利党人认为，最初的革命剥夺了法国国王和贵族的权利，令人反感。大多数辉格党人乐见其成，认为这是采纳了英国1688年革命的原则，属于法国人迟来的决定。辉格党的实际领导者查尔斯·詹姆斯·福克斯（Charles James Fox）从未动摇过对法国革命的支持，他将其视为一场推翻暴政的运动。他不是一位民主主义者，但是一位好的辉格党人。他不喜欢绝对权力，不管是英国还是法国，也不喜欢贵族特权，尊重财产权和宽容原则。整个法国革命时期，一直有一小部分辉格党的反对派。事实上，我们可以称之为自由党。另外，主流辉格党人，有时称为“老兵团”，与托利党人联合，现在由查塔姆儿子小威廉·皮特领导，反对法国革命。老兵团最重要的旗手是埃德蒙·伯克。

他的演讲和论文用历史术语为英国宪法的特点辩护，在长达一个世纪的时间里为保守主义奠定了基础。这是几百年的历史经验，不是理论的产物或人手的创造。伯克曾经作为辉格党一个联盟的“经纪人”，对英国宪法进行过严厉批评。但在恐怖时期所产生的氛围中，他打算为所有的英国制度辩护，因为这都是历史的产物。

1783 年小皮特执政，尤其是从 1794 年开始，老兵团终于结束，党派界限逐渐确定。也就是说，独立人士渐少，尽管富有经验的评论者还会列出很多“拿不准”的名单，但基本上很容易判断谁支持政府，谁反对政府。自 1660 年开始，断断续续出现“鞭策”或写信邀请“我们的人”去参会或投票，到 19 世纪时，这已成为常态。19 世纪早期，围绕重要问题辩论时，这已相当常见。还需要特别注意的是竞选活动。这并不是说，在每个选区，或实际上是任何选区，都有类似于“辉格联盟”或“托利联盟”。最早的这类组织出现在 1806 年，由查令十字街激进的裁缝弗朗西斯·普雷斯（Francis Place）为威斯敏斯特市设立，但它没有延续下来。据说，至今仍然存在的选区联合会中，最早的是罗奇代尔改革联合会，成立于 1832 年。实际上，1832 年后成立了大量的地方政党组织。

1832 年之前的竞选取决于选区。少数市镇,所谓的"腐烂"或"提名"市镇,都属于富豪们的家产。其中有一个就是皮特的古塞勒姆镇,这是由查塔姆伯爵的爷爷买下来的。这种市镇的提名实际上都是由所有者决定。还有许多是"自治市",[1]在许多地方,其中一个席位或两个席位会受邻近地主"影响"。由于大多数县和许多市镇都有"有影响的人",并且这种情况一直持续到 1884 年,这就有必要解释我们祖先采用这种方式的目的。

"有影响的人"大抵取决于社会阶层中每个人的接受,特别是在偏远地区和小的乡村镇。尽管今天的英格兰已经不存在这种情况,但在大多数民主地区都还能见到。在乡村或小的镇上,乡绅和牧师(通常以乡绅出现)都是重要人物,长期受到尊重。"对地主投反对票",换言之,对乡绅支持的候选人投反对票就是不忠,像今天贸易纠纷中的"骗子"或是为对方球队欢呼。然而,乡绅本人对更大的地主负有义务,那可能就是罗姆郡伯爵。如果伯爵在整个县的社会地位毫无争议,他实际上就能提名县议员,还有可能提名若干个市镇的议员。另外,还有少数县也是这种情况。如果罗姆郡伯爵和布兰克堂勋爵都有影响力,他们

---

〔1〕 在这些市,由市长、议员和政务委员选择议员提名。

可能分别在一个县的不同区域,提名相互竞争的候选人。但是,由于选举成本高昂,他们可能很明智地分配席位。如果有竞争,他们希望“朋友们”能助其一臂之力。高贵的伯爵可能会拜访乡绅,表达希望乡绅带着他的房客和随从去参加投票的请求。乡绅看到他的领主屈尊来访,会很高兴,他和牧师会很骄傲地带领全村的自由民,可能还有邻镇的店主,这些人都会很高兴地表达对地主的忠诚。如果乡绅偶然良心发现,不再指导佃户们怎么投票,他们会非常难过,因为相互竞争的候选人都是由大人物提名,他们不知如何选择。

并不是所有的县和市镇都存在“有影响的人”。在少数县里,绅士们为自己的独立感到骄傲,实际上,他们会聚在一起决定他们以及他们的佃户和随从应当支持什么样的候选人。还有一些市镇,享有参政权的人非常多,任何人都能赢,只要有足够的钱行贿、请客、雇用白衣会(保护一方投票人,劫持另一方投票人),购买乐队、横幅、彩带、丝带以及其他所有的装备,就像查尔斯·狄更斯笔下的“伊坦斯维尔”(可能是腐败的萨德伯里市),这些行为后来都列在了1883年的《腐败和非法行为预防法》中。甚至还有像威斯敏斯特或普雷斯顿这样的市,选民很广泛,需要使用“暴民演讲术”及一些吸引势利选民的策略(福克斯在威斯敏斯特的优势是有漂亮的德文郡公爵夫人),还有当代参考书中常见的选举策略——“金钱”。

英国好像彻底失去了政党制,基本上也确实如此。如果政府想要赢得选举(1830 年之前,每场选举都是政府获胜),只需要尽可能多地拉拢“有影响的人”。罗姆郡伯爵很有把握,因为他是一个铁杆托利党人。不管怎样,他即将成为一名侯爵,他的几个儿子也都在教会、司法、军队和行政系统担任要职。另外,布兰克堂勋爵是一个辉格党人。用一个伯爵爵位能让他放弃自己的候选人吗?如果他不愿意放弃,可以用一些钱来帮助罗姆郡伯爵,或是让税务官员支持罗姆郡伯爵的候选人,再不行就动用王室的影响力。罗姆郡伯爵也有他自己的制裁措施。如果他的候选人当选了,而布莱克郡的乡绅投了反对票,就不会邀请他们参加领主夫人的晚宴,女伯爵们会在舞会上公开拒绝他们,他们的孩子也将没有机会到政府部门任职。乡绅也有其制裁办法。他不能驱逐租户,因为租户通常根据租约持有财产,但可以随意驱逐佃户。鞋匠、木匠或裁缝如果投了地主的反对票,就不要期望在“庄园”里有生意了。

威廉·科贝特*称这种制度为“陋规”，我们绝不能低估了这里面的腐败因素。但是，1830～1832年的改革者夸大了这种腐败，因为自1784年以来，辉格党除了1805～1806年短暂的例外，一直在野。例外情况总是比日常情况更具新闻价值。“有影响的人”并不总是腐败。盗窃将会入狱，没有盗窃并不意味着人就是诚实的，他们只不过是不想入狱而已。同样，对地主忠诚主要不是因为忠诚比不忠带来的回报更好。我们知道，像1784年和1830年那样，公开讨论重要公共议题时，民意就很重要。像威尔伯福斯（Wilberforce）这样的人花少许钱就能拿下重要且昂贵的约克郡。但并不是倾注造币厂所有的钱就能把劳瑟从威斯特摩兰郡赶出。格雷斯在诺森伯兰郡花了大笔的钱，但直到《改革法案》通过后，该郡出现了分裂，他们才赢了皮尔斯。

《改革法案》获得大量民意支持，但并没有严重影响选举制度。由于新的选民加入，需要登记，在所有大的城市选区肯定要

---

* 威廉·科贝特（William Cobbett，1762～1835年），英国政治活动家、政论家、散文作家和记者，小资产阶级激进派的著名代表人物，曾为英国政治制度的民主化进行斗争。1802年创办《政治纪事周刊》，主张表达自由，认为贿赂报纸是国家祸害的根源。后因批评印花税，讽刺政府腐败，被控诽谤罪，入狱两年。出狱后增创大众版，销量陡增，全国各地几乎都有他的报纸。在政府压力下，1817年被迫逃亡美国。1819年回到英格兰，1830年写出《乡村纪事》。后又创办《穷人政治月刊》，鼓吹议会改革。1832年进入议会。——译者注

设立“登记协会”，这都是地方政党组织的起源。此外，议会里的政治领袖意识到，不管怎样，需要在伦敦设立一个固定办公室，以此鼓励地方组织为选区寻找候选人，也为候选人寻找选区，募集和分配资金等。保守党的中央办公室成立于 1863 年，自由党中央联合会成立于 1865 年。此外，保守党还同时使用卡尔顿俱乐部，自由党使用改革俱乐部。下文会涉及，我们已经从托利党变成了保守党，从辉格党变成了自由党。“保守”这个词在 1832 年开始使用，显然得到了一致认可，以此表明英国宪法正处在改革者所带来的危险之中，需要保护和守卫。《改革法案》由辉格党提出，坎宁的托利派（1828～1829 年从威灵顿公爵的托利党部辞职）和激进派都称自己为改革者。随着改革者这个名字不再流行，“自由”开始取而代之。譬如，1846 年之后，皮尔派保守党员已经支持废除《谷物法》，还称他们为“自由保守党”。保守党与“乡村基层组织”不同，他们支持自由经济政策。帕默斯顿（Palmerston）是最后的坎宁派。他于 1865 年去世后，格莱斯顿的大部分支持者（“自由保守党”）称自己为自由党。此外，格莱斯顿和迪斯雷利激烈竞争期间，几乎所有的议员要么是自由党，要么是保守党。

1867 年迪斯雷利提出赋予城镇家庭成员选举权，使选民数量从人口总数的 5% 增长到 16%，以便“消灭辉格党”。他希望城镇工人投票支持保守党，许多工人也确实投了支持票，但还不足以让他获得多数票。因此，他在各选区重组——严格来说是发展——政党组织，但并没有完全成功。理由有二：第一，工人和相对富裕的人一起加入俱乐部，这种想法不是都能接受。尽管迪斯雷利并不是很喜欢他们，但保守工人联合会还是作为一个独立组织继续活跃在许多城市，特别是在保守的兰开夏郡。第二，大地主们还没有意识到通过“有影响的人”赢得选举正在变得愈加困难，即便是在一些县。因此，对乡绅、牧师和佃农坐在同一个委员会中的想法，大地主们还有很多抵触。

不管怎样，迪斯雷利赢得了 1874 年大选，现在轮到自由党依靠自己的组织了。尽管格莱斯顿擅长用“暴民演讲术”改变城市选民，但他并不擅长利用组织。并且，他辞去了对哈丁顿侯爵的领导，这是一个老辉格家族（他的家族——卡文迪什——曾是庞大辉格家族中的一员）。因此，由年轻的约瑟夫·张伯伦接替领导，他在“伯明翰计划”上组建了自己的伯明翰市。这实际上是另一位伯明翰激进分子威廉·哈里斯的构想，但 1874 年大选失败后由张伯伦热心经营。“伯明翰计划”通常也被称为“某某核心小组”，是一种以小区委员会为基础的精巧设计，使中产阶级领袖主导当地社团。这是一种常设组织，在其领导下，当地社团可以在大选后的日常时期进行宣传动员，为全国选举和地方选举拉票。尽管在1880年时只有大的城镇实行伯明翰计划，但现代的所有地方政党组织实际上都是以“某某核心小组”为基础。

1868年有一个改变，不是迪斯雷利的想法，但受他庇护，以保守宪法社团全国联盟的名义，设立了保守党社团联盟。这个组织并不重要。1880年败选后，伦道夫·丘吉尔试图夺取保守党中央办公室的权力，将其交给保守宪法社团全国联盟，但没有成功。但是，张伯伦同时成立了全国自由党联盟，作为一个激进组织。张伯伦1886年退出《地方自治法》时，由格莱斯顿负责自由党联盟。因此，形成了一个包含一系列决议的方案，整体上称为“纽卡斯尔方案”。尽管这对自由党领袖没有约束力，但在1892年大选之后，令他们相当难堪。

详尽阐述政党组织之后，最后回到政党政策。1832年的“改革”好像令人欢欣。选举权改革之后，接着是济贫法和地方机构改革。然而，1837年出现回头路。改革宪法与“陋规”并没有本质不同。在小皮特和其继任者的带领下，中央组织曾有逐步的改善，但1832年之后，大部分选区还和之前一样，充斥着腐败和“有影响的人”。1834 年后领导保守党的罗伯特 · 皮尔勋爵说服他的追随者支持《改革法案》,推动改革宪法。1841 年保守党赢得多数,皮尔立刻执政。他是制造商的孩子,同情制造业的利益,1824 年后与赫斯基森(Huskisson)合作推动自由贸易。但是,他的支持者绝大部分是“乡村基层组织”。土地士绅不喜欢新的制造业,坚持英国宪法应以土地为基础。双方围绕是否废除《谷物法》在 1846 年发生冲突。《谷物法》旨在保护农业,维持面包价格和工人工资。科布登和布莱特领导的北方制造业主和商人从 1838 年开始无所顾忌地极力推动废除《谷物法》。1845 ~ 1846 年爱尔兰的土豆大饥荒促使皮尔采取行动。尽管辉格党想要从他的困难中渔利,但并不替他做事,所以,他就提议并在辉格党的支持下废除了《谷物法》。保守党不可避免地出现了分裂,迪斯雷利代表土地利益,名义上或多或少是由乔治 · 班廷克(George Bentinck)勋爵领导。

自此,英国政治有了阶级基础。一方是土地利益,这些人最初称自己为“贸易保护主义者”,但最终又回到使用“保守主义者”称号。另一方是各种群体混杂,包括辉格党人、激进主义者和皮尔追随者(或自由保守党)。他们在自由贸易的原则下团结起来,得到大量制造业和商业利益群体的支持。19 世纪中叶，确切说是1865年之后，这些人成为自由党。当然，这是一个非常宽泛的解释。譬如，工业城市兰开夏郡大多数人是保守党，而工业城市约克郡和乡村威尔士以及英格兰西部的大部分乡村地带，大多数人是自由党。保守党主要是安立甘人，而异教徒和严格说来不属于异教徒的卫理公会逐渐在不信国教上联合起来，除1874年外都支持自由党。因为那年他们对1870年的《自由教育法》极为恼火。然而，这成为阶级分歧的另一因素。土地主几乎全是安立甘人，而制造业中有很多是不信国教者。

事实上，从1852年至1865年，党派分歧并不明显。尽管从长远来看，1867年城市工人阶级解放运动引发了雇主和工人之间的冲突，但当时还没有立即见效。由于大部分雇主最初是自由党人，迪斯雷利推测工人们会支持保守党。许多工人确实支持了保守党。另外，随着工业化的扩展，土地主和制造业者之间原来的分歧不再重要。土地所有者对矿藏、铁路和城市地租感兴趣。1862年之后，有限责任公司的发展使土地所有者可以不参与贸易就能购买股份。除了对抗外国竞争，从土地中获利外，有必要发展科学种植业。随着乡绅成了缺席的地主或是科学农场主，曾经使地主成为选举中“有影响的人”的乡村社会体制已经解体。佃户更关心租金和工资，而不是对乡绅的社会责任。

1884年的《改革法案》完全破除了“有影响的人”。该法案赋予农业工人和不属于市镇的小镇工人选举权。

1886年因为爱尔兰地方自治问题，大部分辉格党人从格莱斯顿的自由党脱离，新的阶级划分更加清晰。这似乎是不相关的问题，但从两个层面来说，这是相关的。第一，自1852年以来，保守党日益成为保皇派，并且，这种保皇思想强烈影响了辉格党。第二，由查尔斯·迪克（Charles Dilke）和约瑟夫·张伯伦领导的激进运动日益强大，使辉格党越来越难以支持自由党。事实上，1880～1885年，自由党执政时期，分歧严重，以致一事无成。由于维多利亚时代巨大的社会变革，辉格党和保守党之间的分歧很小。约瑟夫·张伯伦以及辉格党在1886年独立，但在伯明翰之外及其相邻地区，他很少得到激进者的支持。实际上，保守党及其同盟自由联合党在1886年后代表着“财产利益”，而那些工薪阶层倾向于成为自由党。

然而，1886年自由党分裂，使1886～1905年保守党主导了英国政治。只有在1892年保守党失去了选举，那是因为威尔士、苏格兰和爱尔兰支持自由党和地方自治者。这是保守党帝国主义的伟大时期，加上前激进主义者、前共和主义者约瑟夫·张伯伦，形成了拱形帝国主义者。1900年的“咔叽”大选之所以得名,是因为南非战争好像即将结束,要抓住这个机会,利用战争歇斯底里争取保守党的胜利,一直把这种帝国主义延伸到20世纪。当时,帝国主义是一个戏言,因为保守党的宣传员声称帝国主义能够增加资本家的利益,但事实并非完全如此。约瑟夫·张伯伦从来不会忘记,政治家必须要赢得选举。1902年南非战争结束后,他试图延续帝国主义传统,提高了“关税改革”的标准,即关税保护(这也是一个戏言)与帝国特惠制甚或是帝国自由贸易相结合。这项策略联合了自由党(自由党围绕南非战争问题已经发生了分裂),又分裂了保守党,结果是自由党在1906年大获全胜。

然而,还有一个新情况。虽然城市工人在1868年获得了选举权,乡村工人在1885年获得了选举权,但此后各政党就再没有提出新的政策来吸引新选民。迪斯雷利调侃过,但确实无计可施。张伯伦1884年提出的“激进方案”是工人阶级政策领域第一次很好的尝试,但张伯伦在1886年成为联合主义者后就消失了。自由党1891年的纽卡斯尔方案为工人们提供了一些东西,这和给每个人的东西是一样的。但是,除了矿藏领域,工人阶级的候选人无法得到自由党的提名。自20世纪初,工会已经成长,但都还是小规模的“行业工会”,更关心友好的社会效益,而非富有战斗精神的工会运动或政治运动。工会代表大会成立于 1868 年,规模还很小,也不是很能发挥作用,只是在 1871 年和 1875 年显著承担了工会的立法工作。还有一小股社会主义运动,结果是在 1881 年成立了社会民主联盟(马克思主义者),1883 年成立了费边社团(非马克思主义者)。独立工党成立于 1893 年,主要由非马克思主义的社会主义者构成,用了“工党”这个名字是为了获取工会的支持。大约在 1889 年,在非专业工人中间出现了一种“新联合主义”运动,在提高工人最低工资方面相当成功。随后,在 19 世纪 90 年代,雇主们开始“反击”,运用法律手段阻止普遍出现的罢工、和平纠察和工会斗争。这促使工会代表大会转变他们对政治的超然态度。1899 年召开了一次工会和社会主义社团的特别会议,商讨把工党议员送回议会的斗争策略。即便从长远来看,几乎没有人能想到这种变化会产生一个工党政府。自由党未能采取专门的工党政策;自由党的联合社团不愿意支持工人阶级候选人;自由党的分裂导致劳合·乔治在 1916 年驱逐了阿斯奎斯,并在 1918 年使用联合政府“优惠券”反击独立的自由党人;1900 ~ 1922 年,工会普遍得到巨大增长;这些因素导致工党取代了自由党,成为另一个可供选择的执政党。从 1922 年开始,大多数选民意识到,若要影响政策，就必须在保守党和工党之间作出选择。

工党在议会外的组织是奇特的。保守党和自由党发展议会外组织是为了支持已经在议会存在的政党。然而，工党是以现有组织为基础，包括工会和社会主义社团。1918年工党也设立了一个基层选区组织，同时还采纳了费边社会主义方案，但党章的设计是为了赋予工会最终的控制权。政党会议是政策制定主体，工会通过集体投票，控制政党会议。

三、政党特点

尽管从历史演进来看，工党是议会外政党，争取议会里的代表，而保守党或自由党是议会内政党，设有大量的议会外组织，但最终结果是相同的。从政党组织的目的来看，政党的实质是议会里的政党，由议员和贵族组成。贵族们不受选区约束，这既有优势，也有劣势。在议会里活跃的贵族很少，即便在保守党里也是如此。因为大部分都是终身贵族，或是平民院里的第一代世袭贵族。他们依其身份，通常是正统的党派人士，几乎本能地听取党派命令，不需要约束。即便如此，还是有相当多的跨党派投票，贵族院要比平民院还多。在平民院里，通常认为，对于任何一项动议，都应当发挥党鞭的作用。也就是说，议员任何时候都要遵循党鞭指挥，根据政党要求投票。工党明确允许其议员，不管什么情况，出于良心上的考虑，可以在某个问题上弃权。其他政党也默示了这一点。党鞭并不像通常所说的那样具有强制力。一般来说，他们都是“大孩子”型有说服力的人，因为他们习惯于说服小史密斯支持学校工作，因此也期望他们的议员能支持本党。如果某个议员坚持背离党鞭要求，会受到一种制裁，但这种情况很少，因为地方政党组织通常比党鞭更规范，在考虑动用党鞭之前，很早就会质疑他们的议员。更常见的情况是，议员自己有时会拒绝党鞭要求，特别是在早期议会，随着大选迫近，大多数议员会变得更加正统。贵族院的政治贵族更像是一个政治家，有没有选区约束他们，通常关系不大。但是，所有活跃的贵族都会遵守党鞭要求，偶尔会有一个贵族不遵守。这种情况很少，但很重要。因为，如果政府政策确实难以令人信服，那么相比于平民院议员来说，贵族们更乐意指出这一点。

政党在议会里的目的是支持政府执行政党政策。如果该党是反对党，当政府没有执行反对党的政策时就批评政府。因为几乎没有一个政府能连续维持多数支持达10年以上，所以，反对党会认为，在这期间，或更短时间里，它就需要执政。这种情况极大地限制了反对党的反对权。我们将会看到，一个政党赢得其选民支持，主要基于整体信誉而非当前政策。过去诘难者最爱问的问题是："格莱斯顿勋爵在1868年怎么说的？"这并不是毫不相关。格莱斯顿勋爵1868年的说辞对整整一代人来说，都具有重大意义。因此，反对党如果还希望在10年或20年间重掌权力的话，就不能为了反对而反对，不能不负责任地阻止政府行为，毕竟坏的声誉会存续很久。这并不是说，反对党就总是有政治家风范。事实上，后排议员里通常有一群"积极分子"，他们不喜欢前排议员中"政治家风范"的态度。但是，执政党和反对党一样，如果想要在长时间内成功吸引选民，就必须遵循一贯的原则。英国政党不支持投机取巧者。如果他们投机取巧，就失去了前后一致、治国理政和敢担责任的声誉。这当然不适用于小党，如爱尔兰民族党或共产党，只适用于有希望并期待组阁的政党。

因此，执政者的决定和反对党的批评都遵循了一致的原则。如前所述，这些原则在各自身后都有漫长的历史。这些原则在具体争议中的运用随政党而有所改变。工党主要是一个议会外政党，有现成的组织从事通常所说的“政策声明”。各种解决方案可能来自工会、社会主义联盟、各选区组织或全国行政委员会。这些解决方案通常很多，需要由全国行政委员会将其汇编成动议。但是，政策声明出自全国行政委员会，这里包括政党领袖和本党的其他议员。他们通常会在工党年会上充分进行辩论，借机向选民展示本党党内分歧的程度。对其他政党来说，制定政策的责任属于政党领袖，但他会视情况留意在全国联合会或全国自由联盟里的民意。事实上，区别只是比看材料更具有形式性。从形式上看，年度会议对工党有约束力，而全国联合会不能约束保守党，全国自由联盟不能约束自由党。但是，如果这些政党换一下组织，结果没什么区别。真正的区别是，工党代表认为他们在形式意义上有决定权，比保守党代表有更多的批评权。保守党代表知道最终决定权在政党领袖。尽管保守党里更强调忠诚，但忠诚的传统在两党都适用。如果保守党里有强势少数认为应当更换政党领袖，那么，对领袖的祝贺就更多是出于选举考虑，而非通常的自然流露。

另外，虽然保守党和自由党的年会代表只代表各选区组织，包括专门的妇女组织、青少年组织和工会委员会，而工党给隶属的工会、合作社团和社会主义社团提供正式代表。由于是以会员资格投票,而不是以代表数投票,有些工会有成千上万的会员,这些工会以集体投票的方式可以主导工党会议。这一点可能被过于强调了。虽然经常出现工会的多数票压倒选区的多数票,但从来没出现过工会站一方,选区站另一方。工会和选区之间一旦出现真正的冲突,将会导致党派分裂。

在任何政党里,千万不要认为,选区联合会真正代表各自的选民。大多数选民除了不时参与投票之外,对政治无可奈何。只有少数选民能向政党基金捐款。这少数捐款的选民中又只有少数能参加政党会议,且只有参加政党会议的少数中的少数准备对政党组织投入时间和精力。从政党的角度来说,这些政党工作人员都是"社会精英",他们不计报酬,为政党事务尽心竭力,但他们只是少数中的少数,不具有代表性。中央党部更关心选票,而不是政党工作人员的意见,所以通常能比基层党组织更好地了解民意趋向。基层党组织倾向于错把自己的观点当作选民的观点。

在任何情况下,党组织无法有效约束政府。因此,如果反对党成了执政党,也不会受其约束。"政策"这个词通常在不同层次上使用。第一,保守党历史上的政策。这可以追溯到迪斯雷利、伯克、查塔姆、博林布鲁克,甚至可能追溯到奥利弗·克伦威尔。他不仅是一位“帝制拥护者”和好的“贸易保护主义者”，而且在其他很多方面都是一位好的保守派。第二，保守党在上次选举时详尽阐述的政策。这些政策都相当具有保守党风格，但是为了获取那些可能被说服者的选票。第三，执政党日复一日实际遵循的政策，或作为反对党时，日复一日支持的政策。保守党政府遵循的政策源自保守党的偏好。政府不会忘记，也不允许忘记，保守党宣传员在上次选举时的说辞。但在处理外交或国内事务等具体问题时，肯定要以具体情况为基础，以当前选民的意见，而不是以选举时选民的意见为基础，不仅以本党专家的意见为基础，而且要以公务员提出的意见为基础。虽然公务员经常能提出很好的建议，但反对党不能采纳。在其他所有领域，反对党的“影子内阁”必须和执政党一样，在日常问题上行使决定权。

对反对党来说，这种决定权限于整个议会政党的会议以及和议会外政党组织的讨论。工党充分利用了这两种方式，特别是因为全国行政委员会会议很容易召集，甚至是召集工党行政人员、工会代表会议和合作政党的联合会议。保守党没有正式的组织，但保守党议员私人联合会（所谓的 1922 年委员会）及其各分委员会都有同样的作用。不做什么决定，但举行会议的意识通常很明确。不过,任何一个政党组建政府,都会对该制度有所修正。与英国议会制后来的许多衍生品不同,英国议会一直不信任“核心小组”,即由政党会议做出约束政府的决定。地方政府用这种方法,特别是工党政府,但不管是理论上还是实践中,中央政府的决定由内阁根据各部长传阅的备忘录做出,而这些备忘录又是由公务员起草。这些备忘录即便没有泄露机密的严重风险,也不能在其他议员中传阅。议员私下不能和公务员非正式地讨论问题,而内阁成员可以,并且也确实会和公务员们讨论。此外,所有复杂的内阁问题都要提交内阁委员会,相关公务员、国防部官员等经常都会出席。因此,从内阁上诉到“核心小组”,应当是,通常也会是,从一个知情部门上诉到一个不知情部门,或者可能是被误导的部门。政府事务很复杂,不能仅凭纯粹的理性(即便仅凭纯粹的理性,通常也不能说,“核心小组”就比内阁更有理性),或是党派偏好来决定,而是应当凭借建立在经验基础上的集体智慧。因此,部长们经常坚持“内阁责任”的现实性,拒绝与政党委员会,甚或是所有党派的委员会,分享这些信息。政党委员会确实经常开会,只要由党鞭发出通知,就是正式召集,但部长们除非受到邀请,一般不参加,会议也不会产生约束部长个人或内阁整体的决定。

即便如此,政府的重要任务之一是与选民保持一致,因为它希望赢得下次选举。若想赢得下次选举,必须确保支持者还能再次支持。因此,政府必须维持支持者对其的信任。每届政府都会做一些令许多选民不喜欢的决定,有时,必须做出一些令支持者不喜欢的决定。对于那些受人关注的政策,支持者并不必然是最好的判断者,因为他们在各自选区与基层社团保持联系。前文提到,这些基层社团通常是少数中的少数在负责。内阁部长们可以判断他们决定的效果,不仅基于议会里支持者的表态,而且能基于保守党中央办公室(或工党总部)表达的意见,政党总部是通过在各地区和各选区雇用的代理商来了解情况。此外,内阁部长们还会基于报纸、私人公司做的抽样调查以及个人对民意走向拥有的长期经验等作出判断。因此,内阁部长们对民意走向的判断很少会犯极端错误。所有政府最终都会失去民心,导致政府更替,我们称之为“钟摆的摆动”。尽管终归会失去民心,但所有政府都试图避免。结果便是,从短期来看,政府行为与民意之间有明显的紧密联系。

重要的是要记住,各政党都是一群注重民众支持的政治家,但还很重要的是,要记住各党都有其历史使命。托利党最初是世袭王权的支持者,最终成为维护秩序和稳定的政党,在革命时代支持英国宪法。因此,托利党或保守党代表了大地主利益,是国家的支柱,教会和国家的制度基础,但受到改革者的挑战。然而,辉格党无力地接续着内战传统,最终,“人民”(用引号是因为他们是人民,很重要,不是“暴民”或草民)的代表必须决定国王和贵族是否正当地行使权力。因此,辉格党对1688年革命、《和解法案》,甚或是对异教徒合理的宽容措施,并不存在良心上的困难。1789年法国革命之后,当一种新的自由主义出现时,主要存在于托利党中。但是,托利党在1829年分裂时,自由主义者和坎宁派托利党人能够和辉格党在宪法改革问题上团结在一起。1846年围绕《谷物法》,保守党再次分裂,由此导致19世纪中叶之后,在迪斯雷利和格莱斯顿领导下,保守党和自由党之间爆发了巨大分歧。

从一定意义上来说,这都是机会主义者,并且都存有牢固的偏见,使保守党成为“保皇派”政党,自由党成为支持自由贸易、国际主义和殖民地宪政发展的政党,或者,用当前的口号说是“和平、节约和改革”。这次自由党分裂,理论上是围绕地方自治或爱尔兰自治,实际上是源自更根本的问题。联合主义者以地方自治联合在一起,但他们真正代表的是财产所有者的利益,而中产阶级,特别是中下层,通常是自由主义者。财产所有者和反对资本主义的劳工在迪斯雷利领导下的联合只能是暂时的，因为财产和资本不可能分清。另外，自由党中产阶级和工人阶级的联合也只能是暂时的，因为有组织的工人成立了自己的政党。

这些都是一般描述。自从迪斯雷利在 1867 年"消灭辉格党"开始（在少数市镇，更早就开始了），许多有选举权的工人都支持了保守党。即便在工会里，虽然许多工人在政治上并不活跃，但还是有人投票支持保守党。还有证据显示，自 1918 年开始，大量工人阶级妇女，特别是那些"不认同政治现实"的人，投票支持保守党。另外，工党里比较活跃的政治家中有一些是雇主，工薪阶层中也有一些工党支持者。1906～1951 年，除了 1931 年，支持工党的选民大幅度增加，主要源于组织化工人的阶级意识觉醒——对"像我们这样的人民"的忠诚感。随着生活水准的提高，教育标准和教育阶梯的改善，就业的多样化，工党宣传促成了这一切，但阶级忠诚感逐渐消失了。

工党是随着 1899 年的工人代表委员会，由少数工会和社会主义联盟发起成立，其唯一的目的就是确保把工人阶级候选人送进议会，让他们通过政治行动，支持工会试图通过产业行为实现的目标，即集体谈判，必要时诉诸罢工，获得更高的工资、更好的工作环境。但是，即便在工业领域，除了公开声明或心照不宣地与自由党联合,他们不可能获得席位。凭借这种联盟,工人代表委员会在 1906 年赢得了 29 个席位。议员们迅速回归,称自己为工党。在广泛的政策议题上,他们通常支持自由党政府。劳合·乔治领导的左翼认识到,自由党的重要任务是维护产业工人的支持。因此,在 1906 年和 1914 年,奠定了福利国家的基础——养老金、医疗保险和失业保险。

1916 年劳合·乔治与保守党领袖博纳·劳(Bonar Law)联合,驱逐阿斯奎斯,导致自由党分裂,破坏了上述成就。虽然 1922 年之后,有过和解的努力,但自由党分裂给工党提供了机会。1918 年工党以选区为基础,重新建立组织,即在大量选区设立了基层工党组织,目的是确保工党成员在地方委员会和议会选举中当选。工党继续保持与工会的密切联系。工会的地方分部隶属于当地工党,工党年度会议上为工会提供代表,必要时,他们的集体投票可以决定所有的政策问题。同时,原则上采纳了一项社会主义——并非马克思主义——政策,生产、分配和交换方式的国有化。

社会主义政策很有可能从未获得多数选民的热情支持。尽管如此,工党日益得到组织化工人阶级、重要工会及其活跃成员的支持,特别是在苏格兰低地、东北工业基地、重要煤田和伦敦东区。但是，在20世纪30年代，工人阶级间的意见分歧愈加明显，许多人继续支持保守党中富有且普遍受到较高教育的候选人，以至于如果没有快速增长的中产阶级里激进主义者的大力支持，工党就无法获得多数。

1945年，在战后反动力量的影响下，为了反对保守党从1931年到1940年的主导地位，工党确实获得了激进主义者的支持。工党领袖在1940年加入了丘吉尔的联盟，并在战争年代的灰暗日子里，证明了他们的能力，当丘吉尔专注于高层战略时，他们主要负责维护国内事务的正常运营。然而，1945年的工党政府为战后必然出现的紊乱承担责任，其国有化项目并未受到称赞，因为英国煤炭局和战前的矿业协会一样，都是一群“老板”。1951年政府败选，接下来是长达13年的保守党执政。

保守党从日益增长的物质繁荣中获益，因为保守党政府声称这是他们的功劳。体力劳动者经常比中产阶级的“白领”工人赚的还多，但只要他们还认为自己是工人阶级，即便他们有了自己的房子、车子，还能带家人到地中海沙滩度假，他们还是投票支持工人阶级的政党。苏格兰低地、约克郡和南威尔士的煤田，以及重工业区都是如此。但是，最繁荣的地方是英国中部和伦敦周围各郡。工党除非在大伦敦区获得多数席位，否则无法赢得多数。那里的体力劳动者认为他们是“中产阶级”。

这是工党在20世纪50年代和60年代初期面临的困境。在老工业区,还受30年代的理念主导,工党必须作为产业工人的政党,“像我们一样的人民”。但在东南地区,工党又必须作为新工业革命的政党,代表着电力时代的技术人员。跟所有的先例相反,工党支持率在1955年和1959年持续走低,但是,随着新一代的奋发努力,他们中有许多人毕业于牛津大学,为工党在1964年带来了微弱多数。困境仍然存在,因为工党还是与工会保持密切联系,还是具有“工人阶级的形象”,但工人阶级已经不存在了。尽管不是很起劲,但工党还是宣称生产、分配和交换方式的国有化。还没有证据表明,技术工人想要把他们的“老板”变成准公务员。

四、政党组织

我们迄今认为,一个政党是由一群积极的政治家组成,而这些政治家是通过个人忠诚或共同的政治原则联系起来。在19世纪中叶之前,这种认识基本都是准确的。18世纪时,初出茅庐的政治家是不会“加入政党”的，只是四处寻找在市镇或县有“影响力”的赞助人，并愿意支持“皮特勋爵的朋友”或福克斯勋爵或坎宁勋爵当选。尽管1846年废除《谷物法》之后，都知道皮尔派系的人是罗伯特·皮尔勋爵的朋友或追随者。平民院用语中还有这种痕迹，一名议员提到本党另一名议员时，称呼“我尊贵的朋友”，而不是“尊贵的议员”。

事实上，政党是由一群平民院议员和本党或具有相同政治信仰的贵族组成。可能更准确的说法是，由一群辉格贵族或托利贵族与他们在平民院的同情者、追随者和任命者组成。但是，1832年之后，不再可能通过土地贵族和密切合作者的提名和影响获得多数，因此，在很多选区都有必要精细组织。通常来说，主动权来自选区及其成员。由于选民登记主要依赖于私人倡议，选区组织的主要职能是引导所有支持者登记，并监督其他政党，防止它们让不合格的人登记。现在，选民登记工作主要由政府承担，因此，这项职能不再重要，但是，因为地方选民规模较大，还需要维护精细的政党组织以遴选候选人，不断进行宣传。这在选举期间会更加密集。尤其重要的是，组织竞选。这种地方组织在很大程度上是自发的，但如前所述，现在称为保守党全国联盟和联合主义社团是在1868年成立的。

然而,自由党在1868年选举中捕获了大多数新兴工人阶级的选票。因此,迪斯雷利认为,需要设立一个更加有效的全国性组织。1870年他直接掌控保守党中央办公室,并由他直接任命了一位政党经理。1872年他又作出安排,全国联盟应当与中央办公室共用办公室,两个部门仍各自保留,但合作办公。两个部门都进行全国宣传,但主要资金由中央办公室掌管,因此,由政党领袖控制。

自由党组织有时引领,有时跟随保守党组织。但是,相较于保守党中央办公室,自由党中央组织更像是一个议会秘书处。尽管自由党组织是以各选区政党组织为基础,但它行使了许多保守党中央办公室行使的职能。尤其是,它只是一个组织,而非中央为宣传募钱并协助选区社团的中央委员会。换句话说,保守党的资金都直接由该党领袖掌管。自由党的资金是由各选区社团掌管。

工党是由工会和社会主义社团组建。只是在1918年才正式成立了基层工党社团。直到如今,在工党全国行政委员会里,工会仍比基层工党社团有更大的代表性。但是,工党没有领袖,也没有"中央办公室"。议会里的工党领袖是由议员逐年选举产生,通常他会连任。全国行政委员会主席年复一年地变化。

保守党的政策声明是由保守党领袖发布,并自己承担责任。工党的政策声明是由工党年度会议讨论后批准。运输大楼*秘书处归全国行政委员会管理,由年度大会每年选举产生。

这种粗略的描述只是为复杂的政党组织提供了一个非常不完整的图像。还有没提到的妇女组织和青少年组织,如樱草花联盟、费边社团、鲍集团(the Bow Group)、政治经理人社团、斯文顿保守学院的教育活动、自由党暑期学校,以及劳工学院全国委员会与其他一系列组织。若要完整理解政党组织,都需要予以分析。但是,从前文介绍中可以清楚看到,成立一个新的政党与现有政党竞争并不容易。一个政党每年主要的日常工作大约花费 10 万英镑。一场大选大约花费 100 万英镑,用于宣传和资助候选人为"渺茫的希望"而斗争。此外,每个基层社团或组织必须自己募集资金。工党的这部分资金来自小额年度会费和基层工会组织的拨款。保守党可以期望富有的支持者给予更大的贡献,但是自 1945 年以来,和工党一样,主要依赖小额年度会费。

然而,这不仅仅是钱的问题。经验表明,即便有钱,但如果

---

* 运输大楼(Transport House),工党总部所在地。——译者注

缺乏“组织”，在选区选举中还是可能会失败。这意味着要做好所有事情：日复一日地宣传（不仅仅是选举前3周，而是持续的），全面游说，组织公共会议，为老、弱、懒的选民提供交通，核查已经投票者以便寻找还能说服谁去投票，通常是坚持“推着”选民去投票。因此，“无党派人士”站出来竞选几乎没有成功的希望。不喜欢现有政党的人，发现很难设立一个新党来满足需要。这对接下来的讨论相当重要。

五、两党制

1882年，吉尔伯特（W. S. Gilbert）认为这很滑稽：

上天已经注定
每一个男孩女孩
出生到这个世界
不是自由党
就是保守党

当然，他这诗一般的描述，忽视了爱尔兰民族党。除此之外，还有众多小党和社团：激进主义者、皮尔派保守党员、自由联合主义者、工党、自由党本身、自由民族主义者、全国劳动委员、合作党、独立工党、共产党、共同财富，* 苏格兰和威尔士民族党等。自 1835 年以来，执政长达 28 年的政府，没有一个政党在议会中占据多数席位。联合政府执政 34 年。但从本质上来说，吉尔伯特说的是对的。大不列颠"注定"趋向于两党制。激进主义者融入了自由党，皮尔派保守党员与辉格党联合形成自由党，自由联合主义者加入了保守党和联合主义政党，工党逐渐取代自由党，民族自由主义者与保守党没什么区别。

17 世纪以来的英国史给人一种不断进行政治斗争的印象：保皇派和清教徒，托利党和辉格党，保守党和自由党，保守党和工党。这确实是事实，如前所述，保守党理念可以追溯到保皇派，工党理念至少可以追溯到清教徒的某些理念。但是，由此认为制度具有连续性就错了。斗争隔一段时间重新开始，斗争的主体不同，理由也不同，不存在一以贯之的主线。重要的是，虽然每隔一段时间就会出现两党冲突，但 19 世纪之前，并不存在

* 共同财富（Common Wealth），是由工业界业内人士组成的一个社团，致力于推广新兴产业的新理念。——译者注

两党制政府。两党制的基础是承认,一个政党赢得大选,就由该党组建内阁,内阁集体向平民院负责;另一个政党将会是反内阁,接受多数决的原则,但期待迟早取代执政党,组建自己的内阁。乔治三世不可能理解这些原则。事实上,虽然阿尔伯特亲王对形势看得很清楚,并建议由罗伯特·皮尔勋爵在 1841 年组建一个保守党政府,因为保守党赢得了那年的大选,但年轻的维多利亚女王并不能完全理解。换句话说,两党制还不到 150 年的历史。

然而,两党制一旦确立,就能自我存续。党员们意识到,他们能否执政主要取决于政党能否统一。这意味着,首先,领袖们不能采纳党内存在尖锐分歧的政策。怀灵顿和皮尔在 1829 年采纳了《罗马天主教救济法案》,成就了辉格党,并使他们改革选举法。皮尔在 1846 年废除了《谷物法》,为自由党提供了几乎长达 28 年的连续执政期。格莱斯顿在 1886 年采纳了《地方自治法》,使保守党执政达 20 年,只有 1892 ~ 1895 年短暂的例外。劳合·乔治在 1916 年拒绝了阿斯奎斯的领导,帮助工党取代自由党,成为另一个和保守党分庭抗礼的政党。这些例子中,都还有别的因素,但经验也很清楚。事实上,迪斯雷利在描述罗伯特·皮尔的领导时有过涉猎。其次,政党的统一还意味着党员对领袖的忠诚。党内少数派是不允许的，因为有可能导致政党分裂。“我们的人”必须团结在领袖周围，因为党内分歧容易“让他人乘虚而入”。只有在极端情况下，叛党才具有正当性。贸易保护主义者对《谷物法》感情强烈，以至于他们拒绝接受皮尔。约瑟夫·张伯伦和辉格党不可能忍受格莱斯顿的地方自治。哈考特和罗斯伯里之间的冲突，也是针对帝国主义政策的冲突，损毁了1895年的自由党政府。温斯顿·丘吉尔因为自由贸易问题于1904年离开保守党，并在1925年重新加入保守党，20世纪30年代时他反对鲍德温，后借战争的机会回来执政。尽管保守党领袖是在1922年退出联盟，但实际上保守党在1911年就驱逐了巴尔弗。工党在1931年面临财政危机时因为预算平衡问题导致分裂。这些情况确实发生了。除非政党领袖在各自党内成了独裁者，否则，这种情况也应当时常发生。但是，党派分裂对于制造者的政治生涯是危险的，通常会导致“让其他人乘虚而入”，并且还可能持续很长一段时期。

可能需要解释为何会是这种情况。经验表明，很少有选民为了某项特殊的政策去投票。各政党提出竞选纲领，可能只获得很少的选票。人民在解散议会和接下来举行的大选之间，确实会改变想法。但是，我们绝不能因此认为，他们总是被竞选影响。有证据表明,改变经常是从不遵从到遵从,已经被保守党领袖的行为惹恼了的中产阶级会决定投票支持保守党,毕竟这是安全的选择。工会会员原打算投保守党,改变决定是因为不能投“老板”的票。或许更多的改变是从不打算投票到根据阶级利益去投票,或是从打算投反对阶级利益的票到根本不去投票。可能需要附带注意的是,那些不投票的人是很重要的一个群体,因为英国选举中,各政党间所代表的民意相对均衡,不投票的人确实能决定选举结果。一旦他们投了某个政党的票,那个政党就可能会赢得选举。

我们迄今认为,选民倾向于根据阶级利益投票,但并不尽然。据说有相当大比例的选民,可能达 80%,在相继进行的选举中投同样的票。在一定程度上,这是因为持续存在的阶级利益,但还有一部分原因是政党忠诚和知识上的懒惰。对于大多数人来说,选举只是一时的兴趣,还不如足球彩票投入的知识多。因此,他们习惯于接受了某个观点,就固守到底。虽然自由党自 1923 年以来已经成为少数党,但还是有一些选区固守自由党传统。工党逐渐取代了自由党,与其说是改变了自由党选民,不如说是吸引到年轻选民,所以,这整个过程需要一代人。事实上,“摆向另一端”现象很大程度上是不断有年轻选民取代逝去选民的过程。年轻选民还没有党派忠诚，并且接受年轻人的观点，认为“老人”行为愚蠢，倾向于反对老人忠诚的政党，决定自己这一代的政治归属。当然，各政党试图通过年轻人的组织来吸引年轻人，“抓住他们的青春”，并向他们灌输信仰。

不能太严格来理解这种一般趋势，总是有各种例外。尤其是，总是会有很大比例真正的“游离选民”，这些人的想法真的会被政府4年执政情况改变，或是据此形成自己的想法。他们可能会被政党纲领动摇，甚或是被电视、广播、公共会议、宣传册和其他类型的竞选策略所影响。我们不确定这种人有多少，因为我们无法区分这些人。有的选民在选举一开始表示怀疑，但最终还是投了原来那个政党的支持票。有的选民除了受到极端刺激（像1931年那样），事实上从来不投票。还有的选民之前从未投过票，可能是因为太小没有资格，现在正在形成自己的想法。这些选民我们都无法分辨。在一些优势微弱的选区，也就是各政党势均力敌的情况下，“游离选民”的数量可能会多到足以影响选举结果。

尽管英格兰比苏格兰和威尔士更倾向于激烈“摇摆”，但“摆向另一端”显然在全国都是一样的。通常以投票率来表示这一点。因此，如果1955年该选区的选举结果是：

乔姆利(保守党)	25,000(50%)
琼斯(工党)	18,000(36%)
卡德伯利(自由党)	7000(14%)
	50,000

而1959年该选区的选举结果是:

乔姆利(保守党)	22,000(44%)
琼斯(工党)	20,000(40%)
卡德伯利(自由党)	8000(16%)
	50,000

从保守党转到工党的"摇摆"票[2]是

$$1/2[(50\% - 44\%)+(40\% - 36\%)]=5\%$$

这有点误导。理由有四。

第一,这种方法忽视了"摇摆"到自由党的票数。第二,忽视了没有投票的选民。这个数量有可能相当可观。例如:

	1955年	1959年
保守党	25,000(47.2%)	22,000(40.0%)

〔2〕 即工党获得的一半票数加上保守党失去的一半票数。

工党	18,000(34.0%)	20,000(36.5%)
自由党	7000(13.2%)	8000(14.5%)
未投票者	3000(5.6%)	5000(9.0%)
	53,000	55,000

第三,这种方法忽视了不同选举中的交叉投票。第四,这个比例具有误导性,因为保守党获胜不是比例最高,而是获得了多数票。有可能在两个选区都很容易获得 1000 张票,但这在一个选区可能占 3%,而在另一个选区可能占 10%。

如果我们更仔细地分析这些选票,应该就能发现,结果可能如下:

	1955 年		1959 年	
保守党	25,000	保守党	自保守党	17,500
			自工党	1000
			自自由党	500
			独立选民	500
			新	2500
				22,000
工党	18,000	工党	自保守党	2000
			自工党	15,000

			自自由党	500
			独立选民	500
			新	2000
				20, 000
自由党	7000	自由党	自保守党	750
			自工党	500
			自自由党	5500
			独立选民	250
			新	1000
				8000
独立选民	3000	独立选民	自保守党	1500
			自工党	500
			自自由党	500
			独立选民	1500
			新	1000
				5000
		搬迁或死亡	自保守党	2000
			自工党	1500
			自自由党	500

独立选民	500
	4500

这呈现了一幅完全不同的图画，但没有故意曲解。这种情况确实发生过。这表明“摇摆”的比例至多只是一个非常粗略的估计。巴特勒先生最早把“摇摆”这个词用到这种特殊场合，实际上，他应当也会欣然同意这一点。出于两层原因应当使用比例的说法。第一，除了由私人调查者抽样调查的极少数选区，我们只知道每个候选人的得票数和总的选民数。第二，为了比较两个选区，我们只能使用比例。真正重要的是，当保守党或工党在某个选区得票上升或下降时，在几乎所有选区的得票都会上升或下降。此外，如果不投票的选民数在某个选区增多或减少，在其他大多数选区也会增多或减少。如果在连续进行的选举中，自由党候选人的数量不变，我们应当可以说，几乎所有选区的变化模式是一致的。这源自英国选民的同质性。所以，苏格兰北部和英格兰南部的趋势是类似的。巴特勒先生尝试为这种趋势提供一个公式。这远远不是一个精确的公式，但确实能够提供一个粗略的标示。虽然实际上的“摇摆”要远比巴特勒先生推测的复杂，但选民按照某个模式变动却是事实。

为什么会这样呢？

第一,单次选举只是一系列选举中的一环,有着悠久历史的政党早已经在谋求选民选票,许多选民还有漫长的记忆。某甲对保守党的态度在很大程度上不是由当前领袖的人品决定的,因为他还记得麦克米伦勋爵、安东尼·艾登勋爵、温斯顿·丘吉尔勋爵、内维尔·张伯伦、鲍德温、奥斯丁·张伯伦,博纳·劳,可能还有巴尔弗,他的父亲跟他谈过迪斯雷利,他的祖父跟他谈过罗伯特·皮尔。某甲的态度在很大程度上也不是由保守党1964年的竞选纲领决定的。他还记得苏伊士、慕尼黑、1931年危机、大罢工、劳合·乔治的联盟,甚至可能还有地方自治。换句话说,某甲对保守党多少怀有稳定的看法。有时是发生了相当令人震惊的事情,他才改变想法。虽然有证据表明,选民们随着年龄的增长,会倾向于更加保守,但年轻的某甲也是这样,只是不太能确定。即便年轻的选民不会考虑政党政治和完全更新的政党个性。他已经从自己的环境中获得了保守党的"形象",一幅保守党特点的图画。随着年龄增长和经验增多,可能会改变。但是,选民们投票支持某个政党,是因为他们认为这个政党是"最好的"。从一个非常宽泛的观点来看,这一般是事实。

第二,这并不是说政党政策和领袖品质不重要。在每次选举中,不隶属任何政党的选民比例都很高,足以让任何一方获胜。人民眼中某个政党的“形象”是建立在长期的经验观察基础上，所以，如果某个政党的政策一直不具有吸引力，或是其领袖品质总是很差，这个政党很快就会失去其声誉。甚至某个单一事件，激发了人民的情感后，都能产生长时间的后果，诸如大罢工、1931年的大萧条、1935年的《霍尔—赖伐尔协定》、1938年的《慕尼黑协定》、1956年的苏伊士危机。这会促使每个选民思考自己的政治，许多选民思考之后就不去投票或改投另一方。

但是，最重要的是引发政党分裂的事件。当罗伯特·皮尔勋爵在1846年废除《谷物法》时，许多保守党成员支持他。有些人最终当然就转向支持那个政党。另外，还有一些保守党转而支持自由党，使其从1846年到1874年能一直保持多数席位。当自由党1886年在地方自治问题上发生分裂时，大量自由党成员成为自由联合主义者，导致自由党在1906年之前都未能获得多数席位。尽管工党在1931年彻底失去了选民支持，但又逐渐凭借年轻一代替换了此前的选民，结果在1945年以绝对多数获胜。

理论上来说，年轻一代不需要支持工党，他们可以组建自己的政党。任何人都可以组建一个政党，就像任何人都能组建一个飞镖俱乐部或足球队一样。在许多民主国家，政党像雨后春笋般涌现,原因完全合乎情理,因为除了政客之外,没有人会认同任何政党的所有决定。此外,还有一个同样合乎情理的原因,做一个小党的领袖比当一个大党的普通党员要好。但是,英国政党的目的是赢得选举,这意味着至少要获得 320 个席位。若要赢得 320 个席位,至少得有 500 名候选人,这就要求有 500 个选区组织。在每个选区,还要有大量经费用于办公用房、有偿代理人员和选举支出。每场选举费用据说是 800 英镑,更不要说基层政权选举。在政党总部还要有大量开支,用于办公用房、全职员工、旅行支出、会议、宣传等。工党背后有工会的财源支持,但还是用了 45 年。年轻一代面临 3 个现有政党之间的激烈竞争,他们要想组党成功,可能需要一代人。总体来说,对于有政治抱负的年轻人,加入现有的某个政党,影响该党政策,使其接近自己的理念,进而在其中取得成功,这是相对容易的。毕竟,不服约束的年轻人已经在他们的第二届议会中进入内阁。

第三章　平民院

一、政治抱负及其后果

格雷维尔(Greville)告诉我们,当邀请墨尔本(Melbourne)勋爵去做首相时,“他认为这彻底完蛋了,头脑里想的都是该怎么办——当还是不当”。他的私人秘书抗议道,“该死的,这种位置为何从来不让希腊人或罗马人来干。如果只是2个月的话,还值得去做一下英国首相”。墨尔本回答说:“苍天作证,这确实是真的。我得去”。他干了不是2个月,而是7年,中间只休息了很短一段时间。1839 年“王室危机”时，* 墨尔本的表现证明他并不急于离开。这个岗位自然比他此前想象的更有吸引力。他实际上担任的是年幼的维多利亚女王的导师。事实可能不完全如此，但确实是“值得去做一下英国首相”。

英国也和别处一样，有许多关于政客们的笑话，但在有些国家存在的轻蔑和不信任在英国明显不存在。如果担任首相是个人物，担任议会议员也是个人物。平民院具有一定的声望。它的高尚很少被忘记。当激动人心的事情正在发生，或是普通人面临某种委屈，认为“应该有所行动”时，这里就会成为关注的焦点。政治抱负不仅是一种美德，通常也被视作美德。参与竞选并不会损坏一个人的声誉。一个人选择从政，通常不是因为能从中捞到财富，而是因为“做首相还是值得的”，甚至做议会的一名普通议员也是值得的。

---

* “王室危机”发生在 1839 年 5 月 7 日，一部政府法案在平民院仅以 5 票多数勉强通过后，辉格党政治家墨尔本勋爵宣布有意辞去英国首相。年轻的维多利亚女王一时茫然无措，先是邀请前托利党首相怀灵顿爵士组建新政府，但遭到后者婉言谢绝，于是又不情愿地邀请托利党领袖罗伯特·皮尔，皮尔认为这时组建的政府在平民院不占多数，势力较弱，会毁了他的政治前程。皮尔提议如果维多利亚女王解雇一些王宫内室成员，他就接受邀请。这些内室成员许多都是辉格党重要政治家的太太或亲戚。维多利亚女王又把这些内室成员视为她最近的朋友，不能作为政治谈判的砝码，于是拒绝这份交易。最终，还是说服墨尔本勋爵继续留任首相。2009 年上映的影片《年轻的维多利亚》中讲述了这段“王室危机”。——译者注

政治活动并不能带来财富。议员的补助是一年 3250 英镑，这是一笔很小的收入。很多情况下，也仅够议员个人的生活开支。因此，除少数例外，议员都得有其他的收入来源——继承遗产或积累了财富，专业技能、新闻或广播收入，在工会或合作社等组织任职。收入最高的政治职位是首相和大法官。他们每年收入是 14,000 英镑。首相开支巨大。大法官是个人的职业顶峰。这只是为极少数具有领导才能的人提供的报酬。正像拉布谢尔（Labouchere）在他最具讽刺意味的评论中所说，不可能通过公司晋升获得什么报酬，也不可能从政府合同中获得“回扣”，因为议员对此没有影响力。简言之，能够获得的最大报酬是干得好的感觉，大众的崇敬之情，创造历史的权力，获得一些机密事务的信息，以及安慰一个人垂暮之年的贵族头衔。

这都是有吸引力的奖励。确实也应当如此。国家需要最能干的人来贡献才智。愚拙和无知之辈不可能承担起治国重任。民主政体必须依靠每一代人中最有聪明才智、最富远见、最大公无私者的努力。当然，这并不是说英国宪法在这方面是成功的。稍后我们会分析政治家需要什么独特的品质。但是，必须承认，对于大多数人来说，从政必须要通过平民院，而选举制度并不能确保平民院成为人才的储备所。

难题就在平民院自身。平民院让政治成为一种职业，但又继续假装这是业余爱好者的事务。过去几百年里，最伟大的政治家中，只有极少数人必须赚取生活费——迪斯雷利写小说，并且还娶了有钱人；阿斯奎斯和霍尔丹全职从政之前做过律师；莫利（Morley）和温斯顿·丘吉尔分别是记者和作家；约瑟夫·张伯伦和博纳·劳在从政前放弃了积极参与的实业；劳合·乔治卸任后试图从事执业律师，但后来转行做了记者。依靠继承家业或积累的财富生活的职业政治家不胜枚举。另外，在 19 世纪，许多后座议员是执业律师、股票经纪人、公司主管或是其他职业人士，他们设法积极参与政治，又兼职赚取至少是部分收入。自那时开始，这种难度开始逐渐增加，理由有三：第一，因为在 1894 年规定了遗产税以及较高的个人所得税，增加了通过储蓄、继承丰厚遗产或婚姻积累财富的难度。第二，官员的薪水跟不上通货膨胀的速度，导致实际收入减少。一名职业政治家，一旦达到政务次官或初级财政大臣的级别，平均来说，他可能是干 8 年休 8 年。如果他有个人收入，或者他有关系能够为自己谋得管理职位，或是他能通过新闻工作赚取足够的费用，那么，只要所在政党执政，他就能全职从政；所在政党成为反对党时，他就兼职从政。但是，现在政务次官发现很难靠自己的收入生活，后座议席上还有许多兼职政治家，付不起任职费用。第三，议员若要认真负责，工作会很重，不可能再去赚外快。当然，不可能所有议员都是认真负责的议员。平民院一周开会 4 天，每天从下午两点半开始，党鞭会认真把握时间点，议员们不需要总是出席。还有大量委员会工作需要做，有些是在上午，但有些议员善于躲开这些工作，还有人象征性地去坐半个小时。此外，还有许多自己所在选区的工作——通信、聚会、“接访”（一种新的方式，议员承诺在特定时间会待在办公室，可以为抱有不满的选民提供咨询）、社交等都在增多。英国与大多数民主国家不同，大多数民主国家里的议员都能在周末拜访所在选区。并且，通常每月访问还不能少于一次。

因此，议员只能来自非常有限的一群人。首先，他们必须对政治感兴趣，愿意花大量时间干一些通常看来很单调的事情。历史和报纸只记录了最精彩的时刻、“场面”和激烈的辩论。只有《英国议会议事录》告诉我们大量极其乏味的演说，大多数委员会的工作甚至都没有记录在案。所有工作中最乏味的是看护一个选区，没有报酬地保护一些短暂的荣耀时刻，可能是一二十年后的爵士、准男爵或贵族。愿意从事这种工作的人显然都是公众的恩人，但他们只占人口中的一小部分。

其次，议员通常都是那些头脑肤浅的人。譬如，亚丁问题是个难题，需要一生去解决。养老金的筹资问题也是一样。这只是其中两例，类似问题有几千个，需要议员们提供现成的解决方案。许多读者看到议员们在电视上表演，会感到惊奇："议员们支持为英国培根提供补贴吗？"我们知道，答案来自保守党中央办公室或运输大厦（工党总部所在地），但议员们至少得知道答案，得非常了解这个问题，并且，同样需要了解的此类问题有1000多个。议员们有自己的专长，但他们还要知识渊博，了解大量的问题，这就要具备一种特殊的才能——大学生辩论赛的才能。

最后，议员们要么有私人收入，要么能兼职赚钱。许多保守党议员和其他一些议员，都是两者兼备。议员们每年能有2000英镑的津贴，但还要扣税，同时每年还有1250英镑的费用报销，这个不需要缴税，但得证明是属于议会事务的开支。议员还可以享受往返伦敦与选区之间的免费交通。剩下所有支出，可能包括在伦敦和其他地方的住房、汽车、秘书费用、选区里的慈善捐赠，以及每隔几年都要有的一些个人开支，如大选时的100英镑费用等，都得自己支付。

结果是必然的。保守党这边有很大比例的议员，包括大部分前排议员，都是食利者，还有相当一部分是公司董事、律师、会计师和其他在伦敦执业的专业人士。大多数人都是在私立学校受的教育，甚至很少有白手起家的人。简言之，不管外部力量是什么，议会里的保守党议员基本全部来自中上层。另外，议会里的工党议员有很大一部分是工会提名人。他们受工会资助。这些人通常不是最能干的工会领袖，因为工会还需要这些人。此外，还有许多是律师、记者、广播员，以及其他一些能够通过兼职工作补贴议会薪水的人。自 1945 年以来，工党议员里面的中产阶级逐渐增加。

除了依据法律规定不超过 100 英镑的个人开支之外，议员候选人不再需要募集选举经费。19 世纪末叶之前，整个选举费用，包括行政人员开支和设立投票站，都由候选人承担。自 1884 年开始，这些费用由地方财政承担。但仍然需要候选人承担自己的组织和宣传费用。尽管 1883 年的《舞弊和非法行为条例》设定了限制，但除了选举期间的组织费用每年大约是 500 英镑或更多之外，选举花费可能有 1500 ~ 2000 英镑。这笔钱不一定是由候选人自己出。有钱的支持者通常愿意捐赠选举经费。像铁路公司、农场主协会等有时也会通过“资助”候选人，确保必要的竞选资金。大家不是不知道，保守党会尽可能匿名捐钱支持工人阶级的候选人，以希望“分裂自由党的选票”。

地方政党组织的发展可以提供固定资金，让那些无法资助个人选举的候选人更轻松。这类组织能够承担政党候选人的资助，筹集所需资金。但是，工党在1918年重组之前，选区资助的候选人数量很少。尽管工党允许——至今仍然允许——由工会、合作方和其他附属组织提供“赞助”，但大多数候选人都是由选区的党派资助。保守党没有“赞助”候选人，但诸如全国农场主协会和全国教师协会这些组织会根据安排为保守党候选人提供资金。这都是秘密进行的。根据1945年大选之后采纳的保守党规则，所有保守党候选人都由选区政党组织资助。

二、平民院和政府

平民院的真正难题是缺乏政府人才，这表明了平民院职能的重要性。我们不能跟美国的众议院比，因为众议院基本上不会出未来的总统。美国的众议院不是行政官员的培育所，而是一个立法机关。但是，按照英国的制度，首相必然是平民院议员，并且内阁多数也都来自平民院。政府就是因为在平民院占据多数席位才能执政。这是政党政治。政府的力量是通过党鞭压力借由多数票决定。正因如此,大选就是选政府。如果选出了一个保守党多数,那就产生保守党政府。如果政党多数票分裂,要么重新大选,要么就是一个新政府。

理论上,由平民院控制政府。按流行说法,政府向平民院负责。从现实来看,这个描述也是准确的。但是,这并不意味着平民院就完全采纳政府的建议,或是根据自己的意思训练政府。也不意味着平民院会给政府指引。同样也可以说,政府控制着平民院。

通常情况下,两党制发挥作用。执政者是一个同质性很强的政党,在议会占据多数席位。有时候,执政者是一个政党联盟,通过各自党派领袖控制 2 ~ 3 个政党。有时候,议会里没有多数党,就不得不和其他党派联合。譬如,1846 ~ 1852 年,辉格党和皮尔派保守党联合;1886 ~ 1892 年,保守党和自由联合主义者联合;1910 ~ 1914 年,自由党和工党联合;1929 ~ 1931 年,工党与自由党联合。只要另一个政党的支持是必要的,该党领袖在很大程度上就能控制政府。事实上,一个党派的领袖都很相信他的党员。只要政府阁员是政党领袖,政府就能控制平民院多数。

这种表述隐含的前提是,政党都听党鞭的。例外情况实属罕见。并不是政党纪律多么严格,尽管工党实际上没有表面上看起来那么严格,事实上,如果党员拒不服从,下次选举时,他就没有身份“标签”了。通常是身份标签确保他的连任。工党也是如此。全国行政委员会提交这个标签,所有“正式”的工党候选人必须得到它的同意。但是,这种约束基本不必要。工党之所以表面上看起来很严格,是因为工党作为反对党时,针对议会里讨论的问题,工党的态度是由整个议会政党的每周例会决定,而不像其他政党,是由“影子内阁”里的政党领袖决定。因此,表达不同意见的工党党员就是与多数派作对,他能做的就是弃权。而且,工党和原来的自由党一样,事实上,所有进步的政党,都有一些政治叛徒,因此,必须要有更明显的监督措施。依其定义,保守党不会自暴自弃。

事实上政府的多数成员都不希望政府失败。通常来说,政府成员忠诚于他们的领袖。投领袖的反对票不仅破坏了和领袖之间的信任,而且破坏了与所在选区之间的信任。选民们之所以选他,不是因为他自己的观点,也不是因为他们认为他能独立判断,而是因为他表示要忠于这个政党。选民们通常会给他一些自由权,但如果他经常投反对本党的票,那他就不应当再贴着这个政党的标签。选民们不想要有独立观点的人,而是要一个好党员。他们不是选某某勋爵,而是选保守党候选人。

此外,通常情况是,反对执政党,那就肯定和反对党站在一起。这使执政党党员良心上不可能这样做。譬如,保守党政府提出一项法案,要为猪皮产业提供津贴,作为反对党的工党可能提出修改意见,认为减少产业失业的唯一办法是接受公众监督,平民院拒绝通过该项法案。如果某个议员相信猪皮产业应当适用放任主义,那么,任何一方的游说,他都不会支持。尽管问题的设计使保守党中持不同意见者只能投反对票,但他们可能会犹豫不决。政府(或者严格来说首相)有权解散议会。如果它失败了,它可能选择"诉诸人民",而不是"屈服于平民院"。大选会耗费议员大量的精力,有人可能就败选了。也有可能政府败选,工党执政。政府也有可能不解散议会,而是选择辞职,让工党执政。一边是蓝色的大海,一边是魔鬼,一般的议员通常都会选择蓝色的大海,并且,他的良心通常也会适应这种情况,不会让他自毁前程。

这种情况适用于所有政党,因此,占据多数席位的执政党很少失败。严格来说,自从罗伯特·劳(Robert Lowe)1866 年带领“亚杜兰洞”*反对格莱斯顿的《改革法案》以来，还没有一个在议会占据多数席位的执政党因为党派分裂而被推翻。1885年时支持地方自治的根本没有多数票，1895年时也不存在政党分裂。事实上，当时的执政党不占多数席位。但是，因为执政党通常确信它的选票，能把任何选票都视作信任票。结果是（除极少数情况，党鞭不起作用，或执政党只占少数席位），每张票都是一张信任票。因此，让某个议员投反对执政党的票就是对执政者不信任。换句话说，对于每个议员来说，问题不是他是否支持补助猪皮生产商，而是他是否支持政府。这种效果是叠加的。多数票支持政府，因此，政府控制了多数票。因为政府控制了多数票，它就坚持其多数的投票。除了占少数席位的政党，交叉投票极为罕见。

这并不意味着执政者不需要关注平民院的声音。这不是因为议员的智力，也不是执政者的政治美德，而是因为执政者在上次大选中赢得了多数。只有在下次大选中赢得多数，才能继续

---

* “亚杜兰洞”源自《圣经·旧约》撒母耳记上第22章，大卫被亚吉王赶出来之后，逃到那里，他的弟兄和他父亲的全家得知后，也都投奔到那里。再后来，“凡受窘迫的、欠债的、心里苦恼的”，都聚集到那里。“亚杜兰洞”有暂时避难之处的意思。——译者注

执政。只有它的追随者占据多数,或在各自选区中占据相对多数,才能确保赢得多数。因此,议员们必须留意每一丝动向,以免积少成多,流失大量选票,而失去席位。如果执政者的某个行为可能会导致失去选票,他们不会在选票厅投政府的反对票,而是在休息室向党鞭抱怨。强大的执政者如果能提出自己的理由,并认为会最终获胜,它会顶住压力。但是,最强大的执政者也不可避免地屈服于“平民院的意志”。诚如已经强调过的,正是因为这一点,我们的政府才属于民有的政府。

事实并非完全如此。并非执政者所有的支持者都是听话的老好人。他们不会被打倒,而且不惜与内阁大臣决战。平民院可以被引导,但很难被领导。一根胡萝卜就能引走一只猴子,但一打的鞭子未必能。毕竟,议员们都是精明的物种。必须为他们提供出路,而管理技巧通常就是优雅地作出让步的能力。

还必须要记住的是,议员们不仅仅是各自选区的代表。前文已经提到工党议员与工会和合作社之间的联系。但对其他议员和其他组织之间的密切联系却很少了解,这在美国通常被认为是“压力集团”。如果工党政府向工会代表大会咨询,反对党就会说这是“外部指示”,但工党政府通常不会轻易接受反对者的指责。保守党和酒精协会的联系不像1914年之前那样紧密。

这是因为19世纪清教徒、“节制”和自由党的密切联系。劳合·乔治勋爵的禁令,好莱坞的吸引和电视的结合,还没有从中恢复“交易”。高价格和性吸引把男人从酗酒中拉了出来。酒吧无利可图,其政治影响力也已下降。此外,妇女现在有了投票权。但是,还有很多压力集团,包括全国农民联合会和企业董事协会,都非常成功。在我们的宪法中,这些组织试图影响政府,因为权益来自政府,尽管是经由议会通过。但是,明智的做法是养育替补队员,大多数压力集团在议会里都有不付薪水的代表。他们不需要只在一个政党里。一旦想要获取额外利益,就必须要得到各个政党的支持,只要这些政党不把这样的利益视为罪恶。但是,如果是为公务员争取更好的工作条件、更好的社会服务,或是为弱势群体争取“公正”,就更容易在所有的政党里找到代表。

因此,卡斯特桥的议员还可能是全国猪皮制造商联合会或全国速记员协会的议员。当议会讨论的问题涉及他的第二选区时,他会收到一份简报,只需要少数几位了解情况,并做出有价值的贡献,能够站起来向“议长先生”陈述。他会公开陈述已经私下督促部长的内容。如果让步能够获得一些支持票,或者协会的诉求得以实现,行政管理会更容易,或者说要求的“公正”

并非无理取闹，那么，部长就会在议会里优雅地接受他已经在议会外承诺的事情。事实上，尊贵议员的发言可能引起部长注意在较低行政层级就已被阻止的讨论。无论如何，这种成就归功于尊贵的议员。他也会在下次周年晚宴上收到协会的赞美和感激。

千万不要以为，那些不具有私心的议员就不能提出有用的修改建议。尽管政府部门会对每一项提案做充分准备，但由于所有立法都具有普遍性，很容易出现反常情况。有时会被单个议员发现，有时会被起草者发现，因为议员也会被迷惑。所以，大多数重要法案都会直接或间接地收到单个议员的修改意见，尤其现在几乎所有的法案都要经过小规模常务委员会的审查。

然而，不要忘了，法案的发起人和最后决定者都是政府。议会制定的主要立法都是政府立法。国家的外交政策是政府政策。税收由议会通过，但是由财政大臣决定。政府不仅提出议案，而且通过多数决予以实施。尽管如此，这并不是政府唱独角戏，而是政府在议会中作决定。政府的权威只能来自民意的支持，而平民院里的多数票就是现实的证据。政府政策在不久的将来必须要提交给人民。失去民意的支持，就要承担代价。脱离民意越久，摔得越惨。诚如保守党在1906年的教训。

不能说这是独裁。充其量只能说是某个任期内的独裁。但独裁者常常需要求助于人民的自由投票,这些独裁者只能是公众的仆人,而不是公众的主人。追悔去年雪花的人没有意识到去年已经久远,大地主统治的时代已经一去不返。行政管理事务极其复杂,630 人通过公开辩论根本无法处理,而是需要第 6 章描述的整个研究与执行团队参与。每项提案背后都是收集了大量文件、长时间的委员会讨论、不计其数的单个磋商,以及事实上整个管理组织的参与。议会无法掌控这些,只能批评。此外,我们已经针对多数票讨论了这些问题。面对政府成员前排席位的是反对党的前排席位。只要有反对党存在,就不会有独裁。

三、反对党

如果议会的主要职能是批评,反对党就是其主要力量。可以说,反对党议员是职业批评家。经常有人指出,平民院的席位安排与大多数立法机关不同,不是半圆形,而是用旋梯隔断分开的两个面对面区域。议长右手边是政府及其支持者,左手边是反对党。左右之间明显划分，没有渐变区域。一位议员如果对政府失去了信任，不能从容不迫地转变，必须等到他确定要做出重大决定，“穿越分界线”支持对方。确实还存在一些微妙的区分。如果一个部长不认同政府政策而辞职，他会从“旋梯下”的座位上发言。那个座位将财政部的席位和离议长更远的席位区分开。少数党领袖同样是从反对党一方的“旋梯下”席位发言。但是，从根本上说，平民院的席位安排承认了两党之间的截然对立。

政府阁员坐在议长右边的前排座位，反对党领袖坐在议长左边的前排座位。因此，内阁的反对党就是“影子内阁”，尽管工党官方并不这样称呼。女王陛下政府的反对党是女王陛下的反对党。这个名字有点奇怪，最初是戏谑，但一直这么说，就几乎成了官方用语。反对党是女王陛下的又一个政府。下次选举时，选票上的细微变化就可能让执政党和反对党角色互换。反对党领袖和议会两院的主管都是有薪水的，由公共财政支付，所以，他们不用为生计分心，可以专心履行自己的职责。

这个事实清清楚楚地说明，反对党是我们宪法中的重要部分。英国宪法不仅不期望一致，还要求反对党的存在。政府有多数支持就能执政，但它必须在反对党不断的批评攻击下执政。

外界意见形色各异，因此，议会内也应该让部长能听到克伦威尔的命令：“以基督之名，恳请你们相信，你们有可能错了。”部长们不能忘记，他们在政治上是不共戴天的。反对党的说辞如果更具说服力，“摇摆票”可能就“摆向另一端”。部长们必须针锋相对地作出回答。反对党说出了一半的事实，执政党就必须要用全部的事实（或更引人注目的另一半事实）来应对，以免它在全国闹得沸沸扬扬。以这种方式诉诸人民不是一个偶然的仪式，而是议会里分分秒秒都在进行的内容。

反对党无疑拖延了行政过程。1939 年 9 月 1 日至 7 日，议会只用了两三次会议通过了整个立法，因为反对党答应不提反对意见。战争时期，政府期望并收到了枢密院的立法权，因为敌人不会以民主过程的速度行进。但是，必须要注意，我们不仅要求行动，而是只能行动——这些行动会得到公众认同或反对。拖延并不像显现的那么严重，因为行政过程也很漫长，当议会还在立法时，行政过程就已经在准备了。

通常来说，辩论也会让政府窘迫。如果不是肯定会遇到批评，政府很容易会大错特错。如果有一个眼光犀利的反对党用怀疑的眼神盯着，和外国政权的协商就很难进行。如果没有议会，我们可能会有更好的外交政策，但也可能会是更糟。什么政策更好，什么政策更糟，通常是见仁见智。我们之所以是自由人，是因为我们可以自由地进行批评，并且，如果批评得有道理，还能迫使政府放弃。民意摧毁了许多法案，撤销了许多政策。进攻的主力是反对党。判断人民在政治上是否自由，只需要看那个国家是否有反对党。如果有，它的人民就是自由的。

当然，所有这些都假定议会辩论是公开的。执政者和反对党相互提醒，但人民受教。针对政府的批评是来自普通人的批评，政府的回答形式上是对反对党的回答，但实质上是回答工厂、铁路车厢以及办公室提出的问题。平民院议员之所以能够当选，不是因为他们有独特的才能，而是因为他们支持所在选区大多数人准备接受的政策。除了担任代表，他们毫无权力。并且，为了维护代表的资格，他们必须公开辩论。秘密会议只适合 18 世纪的寡头政治。那是民主原则的反面例子。当然，会有一些例外情况，秘密开会是正当的。直到近来，英国才实行义务兵役制。1916 年政府开始考虑，为了共同体的利益，有必要强制服兵役。平时，某个政党如果没有人民的“授权”将其写进竞选纲领中，不可能出现这种重大变革。1916 年不可能举行大选。此外，为了不给敌人提供重要情报，甚至不可能完全公开解释其缘由。另外，如果没有详细解释，就不应当信任政府来做如此重大的变革。因此,有必要在一个秘密会议上作出解释。在这种例外情况下,秘密程序具有正当性。1939 ~ 1945 年的战争时期,也有同样的情况。显然要举行秘密会议,因为公开辩论是危险的。但是,许多秘密会议表明,议员们弄错了他们的职责。他们显然认为,作为议员,他们能对战争做出独特贡献,他们在战争策略或外交政策上的意见要比张三、李四、王五的意见更有价值。事实上,他们就是张三、李四、王五。他们之所以能够当选,不是要在某些事务上贡献特殊知识或能力,仅仅是因为他们属于普通人,能够代表普通人。诚如格林伍德(Greenwood)勋爵在战争爆发时正确地指出,议员的职责是让政府关注普通人的想法,同时作为渠道,把政府的解释传递给普罗大众。

即便在平时,制止政府并不是反对党的事情。反对的目的是批评,不是阻碍。当然,在一些例外情况下,允许阻止。鉴于1914 年前爱尔兰民族党的臆断,恰当地阻止他们不会遭到责备。他们的目的不是让联合王国更有效地运转,而是要破坏它。此外,如果政府强制推行某项政策,而且有理由确信全国人民并不认同这项政策,那么,反对党可以要求将其提交给人民。这项原则很难解释。政府通常用一种方式解读某些迹象,反对党用另一种方式解读。例如,保守党作为反对党时,阻止了 1911 年

《议会法案》和1912年《地方自治法》。1910年后，自由党只有得到工党和爱尔兰的支持，才能占据多数席位。因此，保守党认为，自由党没有得到任何一方的授权，因为爱尔兰支持《议会法案》是为了获取地方自治，而大不列颠的多数人反对这两个法案。“主要合作者”是否独自具有该问题的决定权又见仁见智。但是，应当说，执政党主张使用自己的多数权时，应当接受多数的反对。阻止政府只会让人蔑视议会制政府。在“授权”问题上不过分地运用律师的辩论技巧，既是一种政治智慧，又具有合宪性。如果执政者违背民意，滥用权力，反对党将会坐收渔利。

但是，还有救济措施来应对反对党的阻止。现在不可能再通过长篇大论和反复陈述来“详尽讨论”某项提案。如果议长或主席认为已经充分讨论，多数党领袖或其他任何议员可以提议“这个问题到此为止”，并动用政党的多数票结束讨论。因为议长或主席有权“选择”明显提出实质问题的修改建议——这项权力被称为“袋鼠”，因此，大量修改建议不再进入讨论。最后，如果针对某项法案的讨论将会耗时很长，政府通常会提出“分头”决来结束讨论，即把问题划分为不同阶段，由不同小组进行讨论。

这些设置增加了执政者凭借多数票所享有的权力。事实上,只有多数票都遵守党鞭的指示时,才能动用“分头”讨论或结束讨论。尽管政府权力很大,但它承认少数派批评的权力和职责。或者说,必须要这样。因为试图“封口”就意味着行政上的失败,等于是强有力地支持了反对党。因此,通常情况下,议会程序主要是“议长席背后”的工作来完成,换句话说,通过两三个党鞭的协商,这被委婉地称作“常用通道”。

单个议员可以提出动议,讨论由他们提出的议案,但只有在整个会期中的 20 个星期五(会议时间很短了)提出。即便这样,多数党领袖也不是毫无影响,因为单个议员只能像中彩票那样获取机会,突然被叫到提出议案和动议。如果他们的快速反应能力不是很好,自然要寻求党鞭的建议。议员们有时会有自己的想法,有时是阐述压力集团的想法。但是,通常来说,动议或法案都不是来自单个议员的头脑,而是来自党鞭的收件箱。

然而,以上只是议会工作中很小的一部分,其余大部分时间都是由政府事务占据。事实上,开会时间是每周 4 个整天,大约持续到圣灵降临周(复活节后的第 7 周),之后是每周 5 天。而且,如果政府提议,只要多数通过,就能完全剥夺单个议员的时间。政府事务都是和反对党协商。每周四,反对党领袖会问首相下一周的事务。其实,他已经知道了,因为那是他们两个与党鞭们一起协商安排的，但这是通知议会的简便方法。政府会有整个会期的初步计划，由内阁的立法委员会安排。这是以方便自己的顺序安排事务，但留有很大的调节余地。譬如，会有26个“替补日”，用于讨论预算、追加预算等。以什么顺序讨论并不重要。如果反对党想要批评政府的外交政策，但允许在周一完成猪皮产业（重建）法案的委员会阶段讨论，议会多数党领袖就把针对外交部的投票放在星期二。这样说定之后，外交部长星期二提议针对外交部的投票，陈述政府一方的考虑。反对党一方负责外交事务的“影子部长”接着就批评政府，可能会以政府政策的危险性以及摇摆不定为由，提议减少支持票。整个辩论在议会大厅里此起彼伏，大约持续到晚上9点。反对党一方的另一位前排发言人会“引起主席的注意”。大约9点30分，外交部的国务大臣会引起主席的注意。说来奇怪，他会在10点钟之前，议会必须要休会时，陈述完他的观点。这时显然没有其他议员还愿意发言。反对党的修改建议付诸表决，当然以失败告终。外交部长现在可能会提出撤回他的动议，因为反对党可能会再找时间继续批评政府的外交政策。这种出人意料的程序实际上并不出人意料，因为这都是党鞭们提前安排好的。

这并不是个案，而是日常程序的一部分。如果澄清了这一点,有人可能指责整个事情都是骗局,尤其是,如果他们认为政府就是工具,反对党就是一群难以理解且极坏但又最能干的人,即通常所谓的“资本家”上当者。但这只是表明了民主制的逻辑。政府必须执政,反对党必须反对。比之更需要的是,他们最大限度地各司其职,又能有序运行。政府有权制止反对意见,反对党有权制止政府,但不希望出现任何一种制止。如果双方都试图制止对方,就会出现混乱。如果一方做了,在选民登记时就会有污点。

这套相互对话的政府体制,能否有效运转取决于议会是否有能力找到能干而又让人接受的主席。没有什么能像议长先生的位置这样完美地展现了英国宪法的魅力,或者更准确地说,展现了英国人民理性的魅力。议长席位出现空缺时,由政府从执政党的席位中选择。但是,通常会听取反对党意见,并且,反对党的否决一般都是决定性的。议长必须要尽可能做到中立。因此,在选择议长时,必须排除那些因激进的政治立场而惹人注意的议员。通常,议长人选已经以学徒身份担任过赋税委员会主席或副主席一段时间,在委员会里主持议会多年,或在议长缺席时主持过议会。在此之前,他可能还是主席小组成员。他由议长从各党派中挑选出来主持常务委员会并在需要时担任议会临时主席。政府的常务委员会由反对党议员主持绝非特例。在行使该项职能时，他会毫不犹豫地驳回某个部长的提议。部长也会毫不犹豫地接受这种裁决。议会早就认识到，如果没有一位好的主席，将会一事无成。因此，会刻意提升主席的地位。主席小组成员和赋税委员会主席分享了议长的巨大威望。

维持这种威望需要各种艺术手段，英国宪法精通此道。在议会之外，议长在平民院是扮演仪式角色。他在自己选区几乎没有反对票。议会内外的各种仪式都强化了他的威严。之前护卫官带的"摆设"被克伦威尔下令废除了，* 现在护卫官带着"摆设"的替代品走在议长后面。当女王和她的大臣们坐"在议会"时，由议长充当"平民院"，站在贵族院。他的队伍穿过走廊来到"议长"席。当他走到中央大厅时，不会要求"脱帽，陌生人"。在议会内，他说的话就是法律。他一举手就意味着正在"滔滔不绝"的议员应当坐下。他坚持，议员发言时要称呼他，针对他，而不是其他议员。他要求，任何议员都不能从他和发言议员之间穿过。议员们离开会场时要向他鞠躬。必须强调这种单纯仪式的重要性，尽管这些仪式让激进的改革者不耐烦，但确有其

* 指代表议会权力的狼牙棒。——译者注

目的。一个新议员应当会鄙视这种“可笑的仪式”，这是自然的，可以原谅。对他来说，这显然在阻止他充分讨论，就像虱子、漏水屋顶等，倒空胃口，诱使他成为一名政客。但是，这是议员成长过程的一部分。其他议员会对之进行争论，可能否定这些事实。只有尊严和得体地辩论问题，政治热情才可能高涨。议长通过创设的这些仪式营造出“氛围”，有助于让议会制更好地运行。秩序是自由的首要条件。

千万不要以为议会程序代表了最高智慧。它一直在发展完善，但和其他领域的改革一样，需要缓慢进行。分析当前议会制存在的问题将会涉及技术规则及其实施。这将超出本书的范围。但是，有人可能会说，问题是两个需求之间的明显冲突，一方面是速度，另一方面是充分讨论。不可能两者兼备。最近的许多改革都重视速度，但由于限制了讨论而招致批评。

第四章　贵族院

一、保守的堡垒

贵族院和伦敦城自治会一样，经历了自 1782 年以来的“改革”运动和 1830 年之后的大发展，但未受影响。原因并不是大家对它的工作都很满意。事实上，不满意逐渐弥漫到各方。现在的共识是，改革是必要的，但如何改革则触及政治争议的核心。从实际来看，贵族院是保守党的前哨，尽管贵族们要比平民院保守党党员拥有较大程度的自由。保守党政府领导的改革几乎不可能得到后继者的认可，但其他政府不可能在议会两院没有争议的情况下通过任何改革。

保守党占据绝大多数，因为资格条件早已设定，而党派划分实质上是阶级划分，贵族基本上都来自同一个阶级。事实上，贵族院的逐渐“保守化”从一个方面说明，党派划分很大程度上是经济划分。只要辉格党人和托利党人还在争论，贵族间的党派力量就主要取决于哪个政党能够长期执政。1712 年，辉格党占据多数，托利党政府新设了 12 个贵族爵位，以便通过《乌德勒支合约》。1832 年托利党政府长期执政（几乎是从 1784 年到 1830 年），使托利党拥有多出 50 个席位的优势。1830～1841 年，以及 1846～1866 年（有两次短暂的间断），辉格党执政。约在 1865 年，双方基本持平。至少自 1832 年开始，传统上的辉格党家族开始变为保守党，因为自由党是改革党，其力量主要是不满现状的制造商，而不是英国的地主。自由党政府新设的贵族爵位改变了趋势。但是，第二次《改革法案》通过后，在格莱斯顿（Gladstone）的领导下，自由主义和激进主义联合起来，令改革运动更趋加快。1886 年辉格党与自由党在地方自治问题上分道扬镳，结果在 1893 年，只有 41 个贵族投票支持第二次的《地方自治法》。1911 年为确保《议会法案》的通过，需要创设 500 个贵族爵位。工党的升起完成了这个过程。在做党鞭的贵族中，保守党的贵族数量与工党的贵族数量接近于 13∶1。

但是，不管贵族们的政治观点如何，他们不需要向任何人负责。无论是第一代，还是第十四代，他们都是根据自己的身份获得席位。他们不需要标签。他们走马上任,是因为他们有资格担任这个席位,而不是他们要求这个席位。不会有选民嫉妒地关注他们的投票,也不会监督他们是否勤于履行义务。他们也不需要改变立场,迎合民意。他们可以根据自己的理由,或是个人的私利进行决定。因此,保守的贵族通常比保守党更保守。他们不需要像保守党那样,向工人阶级和中下层人民证明保守主义对所有阶层来说都是最好的政策。从党派意义上来说,他们不需要成为好的保守党。

尽管如此,保守党政府也总是确信拥有多数支持。它可能在贵族院和平民院一样需要做出让步。绝不应该和地主、伦敦市或威士忌酒的利益集团对抗。他们毕竟是重要政治群体的代表,其中有些人可能对政党捐款具有实质性贡献。但是,这里的“管理”问题截然不同于平民院。自 1832 年以来,保守党政府提出的法案从未被贵族院否决过。至少在过去的 80 年中,只要保守党政府坚决反对,就不会修改保守党的法案。

其他政府的立场截然不同。许多贵族都不参与——几乎没有超过 200 位,通常不超过 80 位——这其中,总是保守党占大多数。这大多数贵族通常听从领袖的指示,但偶尔在领袖不建议的情况下,他们也会否决政府法案。领袖自己会咨询平民院保守党领袖后,决定他们的策略。不管保守党执政还是在野,若得不到保守党的支持,任何法案根本都通不过贵族院。

这并不意味着贵族院不会通过自由党或工党的法案。如果保守党贵族们采取这种手段,那么将会摧毁他们的特权。此外,如我们目前所看到的,自 1911 年以来,所有公共法案,只要不是延长议会最长任期的法案,都会越过贵族院。这种权力已经改变了保守党贵族的策略和手段。但是,即便在 1911 年之前,他们也必须根据某些原则行使权力。这些原则是保守党政治家在整个国家所捍卫的。约翰·罗素(John Russell)勋爵在 1839 年称之为“明智的决定”,声称只有明显没有得到全国支持的情况下,才会否决一项法案。这项原则确实真正得到了落实,并且,保守党贵族从来不需要竞选,而平民院议员每过一段时间就得说服多数选民来支持他们连任,但可以说贵族比平民院议员更善于判断民意。实践中,所谓的原则只是一个借口。民意与其无关。真实理由则是坦诚的民意和党派策略的结合。贵族院当然会通过它不反对的法案,其他一些法案,如果将其通过会是一种明智的策略,他们也会通过。此外,如果贵族院考虑到,对政府来说,即便是通过一个残缺不全的法案,也不能没有法案,或者,相对于否决法案来说,对法案提出修改在策略上风险更少,贵族院完全会对法案提出修改意见。如果保守党准备冒选举的风险，或是相信政府不会解散议会而是默许否决的发生，贵族院过去常常会作出否决。现在贵族院已经很少动用否决，因为这通常是无效的。

巴尔弗(Balfour)勋爵曾经说过，虽然他是统一党领袖，但他的支持者义不容辞地监督着他，“不管做执政党，还是反对党，伟大的统一党都应当主宰大英帝国的命运”。尽管保守党有时提出，在“国家主流思想”形成之前，贵族院应当阻止激进性的政策，但现在已经很少有这种提法。虽然大多数保守党承认贵族院需要改革，但他们并不认为，贵族院因为是保守党的院，所以才需要改革。到目前为止，保守派提出的各种改革方案都是令保守派占多数。他们并不必然是考虑党派优势。在他们看来，自由党和工党经常支持轻率且不成熟的社会改革方案，如果落实这些方案，将会危及国家的安全和经济稳定。这种改革方案可能肤浅地迎合选民，特别是如果伴有对未来种种好处的胡乱承诺，更是如此。他们可能在大选时突然告诉选民，或是包裹在大量改革建议中，淹没其重要性。他们也可能通过平民院来落实，而不作为大选纲领中的内容。此外，在平民院中占多数席位的政府并不必然在全国占多数。它可能从未占据多数，也可能在议会到期之前很久就失去了多数支持。最后，一个得到多数支持的政府并不必然意味着政府提出的每项建议都能得到多数支持。

这些观点有些既适用于保守党政府，也适用于工党和自由党政府。但是，保守党政府不会提出“轻率”“革命性”或“激进”的改革措施。因此，工党或自由党政府需要一个保守党来做刹车装置。保守党政府可以说是一辆行驶缓慢的汽车，从来不可能失去控制。所以，有人认为，只要保守党合理行使其权力——就像绝大多数保守党声称在过去100年所做的那样，就迫切需要保守党在第二院占据多数。唯一需要改革的是贵族院多数席位的构成。大多数保守党的改革方案是大量减少贵族院中世袭贵族的数量，增加终身贵族或由平民院选举产生的“贵族院议员”。

下文将会提到，在平民院中适用更精确的政治代表制，可能符合某些主张。尽管当贵族们支持这些动议时，正是保守党议员在1918年击败了这些动议，并且保守党一向拒绝采纳这种方案。另有一些观点从根本上怀疑以普选权为基础的民主。此外，整个假定是，保守党多数会一直理性行事。但这种假定几乎没有什么根基。通情达理不是工党和自由党的特点，同样也不是保守党的特点。如果没有足够的制衡，所有权力都可能被滥用。平民院的权力最终受到选民权利的制约。保守党担心的这种不择手段会在下次选举时得到报答，就像 1900 年的“咔叽”大选*后保守党遇到的，1918 年的“凯撒”选举**后劳合·乔治遇到的，1924 年“红色信件”选举***后保守党遇到的。1900 年执政党滥用权力解散议会，随之而来的就是 1906 年的大规模“摇摆”，尽管不是所有的摇摆都是因为“咔叽”选举。劳合·乔

* “咔叽”大选通常指严重受到战争或战后情绪影响的大选。1900 年的英国大选中，索尔兹伯里勋爵带领的保守党击败分裂的自由党，重新执政。这次大选因发生在第二次布尔战争期间，“咔叽”是英国军队当时在战争中普遍使用的新军装的颜色，因此而得名。此后，还有三次英国大选被称为“咔叽”大选。一次是 1918 年大选，第一次世界大战后期，戴维·劳合·乔治的战时联合政府取得巨大胜利。另一次是 1945 年大选，第二次世界大战进入尾声，工党候选人克莱门特·艾德礼大获全胜。还有 1983 年的大选，玛格丽特·撒切尔率领的保守党当选，尽管因此前的经济形势导致支持率不高，但马岛战争帮助了保守党再次获胜。——译者注

** 1918 年夏天，德国即将战败，革命一触即发。德皇威廉二世即将被废黜。英国媒体、美国人和法国人呼吁战争审判。但威廉二世是维多利亚女王的长孙，英国海军元帅，所以英国决定防止不愉快的事情发生。最初独家公布的消息是把威廉二世流放到圣赫勒拿。——译者注

*** “红色信件”(Red Letter)又称“季诺维也夫信件”，是《英国每日邮报》在 1924 年大选前四天发表的一封欺骗性文件，据称是莫斯科共产国际主席季诺维也夫对英国共产党的指示，要求英国共产党参与各种煽动活动。据称，工党政府重新开启的外交关系加快了英国工人阶级的激进化。这对英国政府的干扰原本并不重要，却深深惹怒了英国选民，使他们纷纷反对工党。当时看来，这封信很真实。但现在历史学家认为这是一封伪造的信。这封信瓦解了自由党，帮助了保守党，导致保守党大获全胜。——译者注

治勋爵基于 1918 年战争临近尾声时的感激和宽慰之情，获得了许多“铁面”保守党的支持，他同样试图耗费这种感情，在 1922 年就被解雇了，从此再未能够当选。“红色信件”曾在 1924 年帮助保守党赢得多数席位，但 40 年后，却削弱了保守党的竞选优势。如果认为政府在平民院占据多数席位，就可以为所欲为，显然是错误的论断。虽然选民们不会逐个评价每届议会通过的法律，但是，政府的总体趋势必须与民意保持一致，否则，将会被赶下台，有时下台甚至长达 10 年之久。没有任何理由去糊弄选民。一般选民都比通常所想象的更具有常识，不可能被花言巧语所影响，他们对整个选举活动都有所保留。选民们本质上是保守的，因为在我们的社会体制下，他们担心大范围改革。事实上，处在另一个极端的政治家，同样会在政治心理学上作出误判。工党的政治组织者凭经验发现，“渐进主义的必然性”既适用于行政系统，也适用于选举。“知识分子”想要更快更多，工会对之表示怀疑。即使工党采取的是真正革命性的举措，唯一的结果也会是，工人阶级中更多人选择了保守党。而且，没有哪场选举单凭产业工人的选票就能赢。中下阶层具有平衡性。这个阶层最保守，是人口中最胆小的一群。他们担心改变，因为改变可能让情况更糟糕。这并不意味着无法继续目前把资源从富人转向国家的趋势。但是,如果说要保护富人阶层,结果要的就是独裁,而不是保守党在贵族院占多数。如果我们想要民主,我们就必须相信人民。

二、需要第二院

有种观点认为,贵族院不应当由保守党一直占多数。这种观点并不是说不应当有贵族院。设置一个对国民利益和诉求更具代表性的第二院并不是不可能。是否需要这种第二院取决于贵族院发挥什么职能,或者说,能发挥什么职能。

第一,需要注意的是,贵族院的某些职能通常不会授予第二院。譬如,英国许多法律问题的最后上诉法院就在贵族院。1873 年为了废除这种管辖权,专门通过了立法,但由于政府更替,又撤销了这种决定,废除了立法。反而是任命领取报酬的"常任上诉法官",他们是终身贵族,以普通贵族的身份加入贵族院。尽管没有法律规定,但事实上承担司法职能的贵族院,不同于承担立法职能的贵族院。在不废除前者的情况下,废除后者是有可能的。

第二,贵族院讨论一般的政策问题。这些讨论通常都很好、很简短,少数贵族会参加。参加的贵族通常都有担任过部长、总督、大使之类的经验。贵族院和平民院一样有很多愚蠢的言论,但贵族们不会为了发言而发言。贵族院没必要“保持辩论继续”,没有选民要求他们不断介入讨论,也不会通过公开辩论来获取巨大的利益。此外,贵族院讨论完之后,通常没有分歧。即便有,也没关系。因为政府不关心贵族院里的输赢。另外,在目前的贵族院里,如果争吵时间久的话,大多数讨论都是一边倒的,因为工党和自由党都没有太多演说家。这些辩论有用,但不重要。如果贵族院更具代表性,可能会更有用。从这个意义上说,如果取消了贵族院,会有很多损失。

第三,贵族院作为一个立法院。有些法案会送到那里,而不是平民院。布莱斯委员会在 1918 年表示,没有党派分歧的法案,如果经过充分讨论,提交前深思熟虑予以斟酌,很容易在平民院通过。当然,政府法案在提交议会之前,应当经过深思熟虑的斟酌。但是,事实上,因为“压力集团”和其他利益方的意见,法案公布后还要做出许多修正。政府提出修正案,这种情况下,贵族院只是批准。偶尔还会有贵族们提出有用的修正案。譬如,“法律贵族”有时会提出改进法律改革的措施。但是,通常来说，贵族们不会密切关注公共法案，这都是由平民院议员在常务委员会提出，许多拟议的修正案不过是“党派政治”的体现。当自由党或工党执政时，会增加平民院用于立法的时间。然而，布莱斯委员会的声明大体上是正确的，尽管没有给予很多强调。贵族们有时也会提出法案，但相对来说，非常罕见。因为英国议会很早以前就意识到，贵族院的任务主要是批评立法建议，而不是发起立法动议。除非毫无争议并得到政府支持，否则，贵族院的立法动议无法通过平民院。但偶尔也确实会有某个贵族提出的法案通过平民院。

第四，贵族院针对平民院提出的法案形成分歧。贵族院行使这项职能，遭到很多批评。1911 年之前，自由党政府唯一的补救措施是威胁要设立足够多的贵族，让政府获得多数支持。这种威胁显然只能在极端情况下使用。例如，1712 年用其通过《乌德勒支条约》，1832 年用其通过《改革法案》，1911 年通过《议会法案》。这种救济措施太过极端，只有向国王明确保证这项措施得到了民众支持，才可能被使用。因此，这需要一个初步的大选，并且，其使用会在长达几个月的时间里搁置其他所有事务。

但是，1911 年的《议会法案》做法简单。该法案的背景是

1909年的《财政法案》赋予劳合·乔治勋爵“征用”地税预算，遭到贵族院否决。贵族院此前从未否决过《预算法案》，据说这样做侵犯了平民院的权力。平民院是财政措施的唯一判断者(尽管撇开历史因素之外，并没有很好的理由能够解释为何财政法案和其他法案要区别对待)。因此，《议会法案》规定财政法案需要提交贵族们同意。贵族院收到财政法案后，一个月内未表决，视为通过。保守党认为，这种规定赋予贵族们太大的破坏权。譬如，社会主义条款也能“附加”到财政法案中。实际上，“财政法案”是一个严格界定的术语，历任议长都对其做了严格解释。这种指责实际上是，工党议会议长对附件内容存有偏见。但所有历史都不支持有偏见的议长。议长没有任何理由贬低这个位置的悠久传统，这是类似于法官从事的工作。有时必须要有人作出决定。议长在这方面有优势，他对议会程序和立法实践具有丰富的知识。

有关财政法案的条款相对来说是不重要的。它确实包含了《统一基金法》，为国王拨款，并且，平民院从未对其进行修正。还包括了其他少数一些确实没有争议的法案。涉及征税的《财政法案》还不到一半。但是，需要注意的是，对于这类立法来说，我们实际上是单一议会制。

除了延长议会任期之外，至于其他公共法案，1911 年之后，贵族院有 2 年的搁置期。同时，法案必须连续 3 个会期在平民院获得通过。虽然这在 1911 年看来好像没有不合理之处，但是，如果一些经过深思熟虑的立法涉及某些问题，如爱尔兰地方自治和废除威尔士国教会，或是工党的崛起要求迅速进行社会改革等，2 年搁置期将会是严重的障碍。工党在 1945 年 8 月执政，带着一个很大的计划，考虑到除参与联合政府外，它已经在野 14 年了，这个计划并不算过分。在联合政府时期，许多社会改革法案已经就绪，并获得认可，工党政府只是作了细微调整，就占去了 1945 ~ 1946 年的大部分会期。同时，为准备这些法案，还要下令落实本党竞选纲领中的主要内容。通过严格使用停止辩论以付表决法，这些法案在 1946 ~ 1947 年和 1947 ~ 1948 年得以通过。截至 1948 年 10 月，竞选纲领的主要内容中只剩下钢铁国有化还没有被覆盖到。这项提案太过复杂，需要大量的准备工作。如果不提前准备好，不可能实现或在议会获得通过。但是，1947 ~ 1948 年会期末，本届议会不到两年时间了。《议会法案》并没有要求必须是同一届议会的 3 个会期，但工党政府希望能在 1949 年年末或 1950 年年初诉诸人民，声称 1945 年的“授权”应得到完全落实。只要《议会法案》规定的期间能从2年减到1年，就能实现。根据《议会法案》，只有法律才能做出这种反对贵族院的改变。因此，1949年《议会法案》将搁置期间从2年减为1年，会期数从3个减为2个。所以，除了延长议会任期的法案之外，现在所有的公共法案经过1年搁置，如果是财政法案，经过1个月的搁置之后，都能不顾贵族院的否决，获得通过。

首先，必须注意的是，贵族院的大部分职能都是毫无争议的。贵族院开会时，几乎每周都会有一些讨论，这些讨论要比平民院的辩论更有意思。平民院迄今为止必须花大量时间讨论政府立法和财政问题。其余时间通常是讨论政党分歧问题，由反对党提出，督促政府高效运转，针对下次选举将会涉及的议题影响公众。平民院根本没有时间和机会讨论更宽泛的政策问题，如与外交、国防、殖民地、英联邦关系等有关的问题。这些问题不要求立即进行立法，也不存在党派分歧。事实上，从一个独立的立场来看，平民院没有资格讨论这些问题。那里都是一群活跃的政治家，代表着普通人民的立场。另外，有些贵族，通常是第一代贵族、终身贵族和主教们，有着丰富的经验。这些经验一方面阻碍他们成为高效的政治家，但另一方面使他们能够对某些特殊问题做出有益的贡献。在这方面，贵族院能为平民院提供补充。事实是保守党一方在数量上可能占优势，但这并不重要。因为这些讨论并不会置政府于危险之中，甚至很少会产生批评。

其次，贵族们在政府立法方面做了大量工作，这些工作必须要有人做。送到平民院的政府法案没有一个是完美的。因为相关公务员和议会顾问都没有充足的时间用尽全力来研究某个问题。只要法案送交议会，事实上很久之后，还不断有改善的建议涌入。即使法案送到平民院时是完美的，当其送到贵族院时，其完美性已经被玷污了，需要一个“清理”的过程。当法案还在平民院时，负责的部长可能已经“考虑”了各种对他来说新奇的好主意，官员从自身利益出发的这些“考虑”可能会使贵族院提出修改意见。所有这些都要求或可能要求在贵族院有一个冗长的委员会审议阶段。有时会有多达 20 页的修正案经过讨论并被接受。贵族血统并不是承担这项职能的主要条件，由律师协会任命一个委员会来做这种事可能更好。如果没有第二院，平民院自己也可以做。但是，如果不希望我们的法典成为比现有法典还要奇怪的文件，就必须要有人来做这件事。

最后，贵族院承担了大量委员会工作，这些工作没有公之于众，但极大地缓解了平民院的压力。这些工作与私人法案、临时命令、特别命令、法定文件等有关。如果贵族院不承担这些职能，平民院也不可能承担这些职能。必须要知道，平民院里主要是活跃的政治家，他们喜欢滔滔不绝，喜欢公众的目光聚焦在他们身上。他们中有些人是"兼职政治家"，晚上下班后顺便去出席一两个小时。这种枯燥的工作，既不具有政治重要性，也不能吸引公众注意，可能需要由 200～300 名议员来承担，而他们确实已经承担了大量的工作。即便是现在，也很难找到愿意坐到委员会的议员了，更难说服他们坐在委员会里审读文件。只要还有贵族院，贵族们可以承担一部分这类工作。如果不是"官僚阶层"的抱怨，他们更能畅所欲言。

工党此前的观点是，贵族院应当取消，而不只是进行改革。这种建议曾出现在 1935 年的政党纲领中。此后再也没有出现过这类建议，好像这种观点又改变了。工党当然不能接受保守党的观点，即需要借助第二院来阻止激进或"革命性"措施。他们并不总是公然提出，而是在讨论中蕴含了这种倾向。事实上，这种观点导致对手提出激进或"革命性"的主张，即取消贵族院。但是，抛开这种情感因素来看这个问题，通常认为，第二院能够承担的某些职能，单一一院制政府无法很好地承担。

遗憾的是，这类问题通常都是带着情感在讨论。如果没有

“政治”因素,很难提出这种问题。如果有“政治”因素,又很难解决这个问题。1909～1911年,在劳合·乔治的预算和地方自治背景下,讨论过这个问题。1917～1918年,布莱斯委员会考虑过这个问题,当时地方自治仍是个问题。1947～1948年讨论这个问题时,钢铁产业国有化是其背景。尽管如此,在过去50年,逐渐达成共识,因此可能提出一些细小的重要改革。1958年国王授权设立终身贵族(包括有爵位的夫人)。他们有权接受传唤,参加贵族院并投票。这样做的目的不仅仅是让那些没有高贵出身和与贵族头衔不相称的人也能成为贵族,而且把各行各业中的精英人士补充到贵族院,使他们能为贵族院的工作做出贡献,以此增强贵族院的权威。工党也不会反对这一点,因为这能让工党首相不用建议国王设立世袭贵族就能维持贵族院运转。事实上,有些地区希望,一段时间之后,就可以不再设立新的世袭贵族。遗憾的是,终身贵族必须是男爵,而内阁大臣传统上都要到“另一个地方”供职,应当有伯爵或子爵爵位。无论如何,1958～1964年,保守党首相并没有减少设立世袭贵族的数量。他们只是通过建议设立终身贵族,还增加了贵族数量。

1958年《终身贵族法》还设立了一个反常规则。世袭贵族的人数很少,因为大多数贵族都是通过英皇制诰设立的,只限于指定的人选以及他的男性继承人，所以不能传给女性。但是，少数几种特殊情况下，还有少数“令状设立的男爵”，认为其爵位是在非常早期的议会用英皇制诰设立的，并传给所有继承人。继承人中可能会有女性。因为 1922 年的朗达子爵夫人案判决，* 贵族夫人不得参加贵族院并投票。然而，《终身贵族法》允许女性成为终身贵族，参加贵族院并投票。

1963 年的《贵族法》删除了这种反常规定，还增加了世袭贵族的数量，允许苏格兰贵族参加贵族院并投票。根据《联合法案》，新一届议会开会时，苏格兰贵族齐聚爱丁堡，从中选出 16 位参加当届议会。现在，他们都参加。《贵族法》的主要目的是使继承贵族头衔的人在继承的 12 个月内，或是成年的 12 个月内，拒绝继承，但不影响他继任者的权利。贵族院的这种修改旨

---

* 朗达子爵夫人案（Viscountess Rhondda's case）。根据 1919 年的《性别资格法》规定，“不应当因为性别或婚姻剥夺一个人履行公共职责的资格。”1922 年，朗达子爵夫人提出贵族院席位的诉求，理由是议员属于履行公共职责。最初，这个问题提交给了法律贵族，他们全体一致表示，根据该法精神，妇女有资格担任贵族院议员。但是，贵族院又将这个问题提交给全体特权委员会审议。伯肯赫德伯爵领导的反对意见认为，若要改变贵族院组成，必须采用明确的表述，像“公共职责”这种模糊用语并不构成充分依据。特权委员会以 22∶4 否决了朗达子爵夫人的诉求。直到 1958 年终身贵族进入贵族院，妇女才有资格进入贵族院。世袭的女性贵族在 1963 年得以进入贵族院，但这一类贵族一直很少，因为大多数世袭爵位仅限于男性继承人。——译者注

在使斯坦斯盖特子爵（韦德格沃德·本恩爵士）拒绝继承贵族头衔。《贵族法》生效之前，他已经继承了一个贵族头衔。《贵族法》生效后12个月内，他可以拒绝继承。正是这一条使霍姆伯爵（艾力克·道格拉斯·霍姆爵士）和海尔沙姆子爵（霍格爵士）拒绝了他们的贵族头衔，当选为平民院议员。

1958年和1963年的立法产生了多重效果。一方面，拒绝权只适用于继承贵族头衔的人，不适用于被授予贵族头衔的人。因此，并没有弱化贵族院。有两位保守党内阁大臣根据过渡条款拒绝继承，这纯属偶然，因为这是由麦克米伦辞去首相引起的。另一方面，设立终身贵族，且不得拒绝，强化了贵族院。同时，增加了30名苏格兰贵族和20名世袭贵族，增加了"很少参加政治活动的上议院议员"。贵族院现在已经有1000多名议员，大多数人很少参会，或根本就不参会。那些参会的人现在可以报销一等舱火车票和最高每天4.5几尼的预算开支。还在做的一项尝试是，劝说"很少参加政治活动的上议院议员"请假，但只有少数人这样做了。最简单的解决办法显然是把召唤权与世袭贵族分开，一旦某个贵族收到召唤令，就终身受召唤，而不是其他方式。这会逐渐减少议会里的贵族数量。一代之后，贵族院将会由大主教、主教、收到召唤令的世袭贵族和终身贵族组成。如果还能达成共识,将来首相不再具有设立世袭贵族的建议权,那么这类贵族将会逐步减少,这个爵位没有男性继承人或男爵令状上的继承人,这个贵族头衔就消失了。由终身贵族(就主教来说是短期任职)组成第二院可能不是理想的构成,但会继续保持目前贵族院的优良传统,由一群活跃的贵族组成,而不是有 700 多名“很少参加政治活动的上议院议员”,当且仅当触及他们的利益时才会出席,不必要地扩大了贵族院的规模。

第五章　国　王

分析政府过程的难题在于有很多无形的关系，很容易感知，但难以分析。王权尤其如此。一方面，遵从法条，强调国王在宪法理论上的作用，很容易夸大王权的影响力。另一方面，强调内阁、议会和人民的重要性，又很容易低估王权的职能。事实处于两者之间，但不容易描述，内容上也不具有连贯性。很多依赖于私人访谈，政治学家们都不参与这些，还有很多依赖于参与者的个性。

国王有且仅有一个重要职责，就是任命首相。每一部关于责任政府的宪法，都会规定，一旦裂痕出现，政府受到威胁，必须有人主动组建新的政府。英国肯定是由国王来行使这项职权，通常这都是无意识的。工党在1964年大选中赢得多数席位时，威尔逊勋爵毫无疑问就成为首相。如果某个政党赢得多数席位,而这个政党有一个领袖,这个领袖肯定是首相。工党获得多数时,从来没有任何疑问,因为工党总是坚持由议会里的工党议员选择他们自己的领袖。保守党并不遵循这种做法。1923 年鲍德温成为领袖,1937 年张伯伦成为领袖,1940 年丘吉尔成为领袖,1955 年安东尼·艾登(Anthony Eden)成为领袖,1956 年麦克米伦(Macmillan)成为领袖,1963 年亚力克·道格拉斯·霍姆(Alec Douglas Home)成为领袖,因为他们是首相。任何时候都要遵循选举的形式——目前是由保守党议员、贵族和候选人开会投票,但这仅仅是形式,只是对国王选择的领袖表示信任。但是,1963 年任命亚力克·道格拉斯·霍姆时,做法上发生了改变,这是由亚力克自己作出的。由议会里的保守党议员进行初选。尽管初选结果会诱使国王任命选定的人,但不能约束国王。而这确保了作为反对党的保守党领袖。1965 年初选选定了希斯勋爵,然后又经由保守党贵族、议员和候选人正式选举。

因此,当保守党占据多数席位,但又没有领袖时,或者没有一个政党占据多数席位时,国王有选择权。在前一种情况下,国王的责任是任命一位首相,由首相来指挥自愿支持该党的多数人。如果首相退休,通常他还可以推荐继任者。事实上,维多利亚女王 1894 年并没有征求格莱斯顿的建议,她已经决定召唤罗斯伯里(Rosebery)勋爵。如果她征求一下格莱斯顿的意见,可能会更好一些,因为她至少能了解一些这项任命——“放饲厩里的黑马”的难题。1902 年巴尔弗继任已是显而易见,几乎不必征求意见,但爱德华七世却没有征求索尔兹伯里勋爵的意见。1908 年爱德华七世又没有咨询坎贝尔·贝尔曼(Compbell-Bannerman)的意见,但首相病重期间,阿斯奎斯(Asquith)已经在主持内阁了。至于 1937 年任命张伯伦爵士时,也没有看到任何咨询的信息,但征求了鲍德温勋爵的意见应该是合理的推定。1940 年工党以加入联合政府为代价,坚持支持丘吉尔勋爵。1963 年麦克米伦勋爵建议任命霍姆伯爵(他否认了他的贵族身份,因为他是蓟爵士,就成为亚力克·道格拉斯·霍姆爵士)。但是,麦克米伦拿定主意前几周,并没有在推荐领袖上发生激烈争执。自采纳新的领袖选举程序以来,保守党已经有自己的领袖,但这并不限制国王特权。

这些例子表明,政治局势通常已经明确了继任者。罗斯伯里(Rosebery)勋爵事件,继任几乎是必然的。但是,有些情况下,并不是必然的。1923 年博纳·劳辞职就出了问题。克尔松

(Curzon)勋爵当时是唯一一位经验丰富的大臣,因为大多数联合政府中的联合主义者都在1922年跟劳合·乔治勋爵一起辞职了。鲍德温显然是平民院里的候选人,但他的内阁经验非常有限,只在博纳·劳政府里干过8个月,1922年10月保守党反叛之前,他充其量不过是一个默默无闻的年轻部长。克尔松勋爵除了性格上的缺陷之外,

我是乔治·纳撒尼尔·克尔松
一个超人

他还是一个贵族。尽管罗斯伯里和索尔兹伯里都曾在贵族院领导政府,但是,首先,这些都不是人们乐见的先例,特别是罗斯伯里勋爵的情况。其次,现在的情况有所不同,因为工党成了正式的反对党,贵族院里几乎没有工党代表。因此,乔治五世面临一个非常棘手的问题。经过与一些保守党政治家协商之后,他决定召唤鲍德温。通常认为这是一个正确的选择。此外,1957年安东尼·艾登辞职时,巴特勒(R. A. Bulter)和麦克米伦谁更适合做首相,又不明确。女王与资深政治家们协商后,选择了后者。

当没有一个政党获得多数席位,或者国王不出面情势有可能变得复杂时,国王的职能同样重要。因此,1924 年大选后,鲍德温政府在平民院中失去多数席位,被迫辞职,乔治五世需要决定是否召唤自由党领袖阿斯奎斯,或工党领袖拉姆齐·麦克唐纳(Ramsay MacDonald),或者有其他可能组建联合政府的人选。他决定召唤麦克唐纳勋爵,事实上他背后只代表了 1/3 的平民院议员。1931 年的事情甚至更复杂。工党政府失去多数席位,被迫辞职,整个国家正在经历所谓的经济危机。大选是不可能的,工党是平民院第一大党。国王授权麦克唐纳勋爵组建联合政府,遭到许多批评。但没有证据表明国王的做法违宪。另外,很难为麦克唐纳勋爵的行为辩护。当他及其同僚集体辞职时,他还在继续执政,而且,他还触犯死罪,分裂政党,并阻止本党执政,直到 1940 年丘吉尔勋爵成为首相。

这种情况并不常见,但表明国王这项职能的重要性。国王处于有利地位,因为他与政府联系密切,尽管他很少有机会考虑反对党领袖,特别是像 1964 年的工党那样,他们已经长期在野。同时,他是——或者说应当是——中立的。尽管国王个人也有自己的偏好,像维多利亚女王,但相比于那些活跃的政治家来说,他们更少具有党派性。

国王还有其他一些职能,但大多数都是形式性的。当通过非常重要的授权立法时,她会参加枢密院会议。她任命内阁大臣、驻外大使、法官、军官、资深公务员等;召集和解散议会;设立贵族,授予荣誉;批准立法。几乎任何情况下,她都是根据内阁大臣的“建议”行事。也就是说,有效决定由内阁、首相或相关部门大臣作出。如果需要一个正式行为,她显然是要求解释,给出建议。枢密院纯粹是形式,不进行讨论。但是,如果一项草拟的命令提交到了枢密院,相关大臣要出席。因此,会前或会后,国王会要求解释。

如果不需要正式行为,国王也可以要求解释,提供建议。她会收到内阁的“会议记录”,还有外交部传递的“每日电报”。她通过《官方报告》跟踪议会讨论。这些补充了她从报纸、个人观察和访谈中获取的信息。此外,有专人向她报告政治生活的进展情况。因此,如果她愿意研究问题,她能获取相当的英国政治知识。尽管她本人远离议会和政治舞台,但她经常关注重大事件进程。

君主的影响力取决于他的个人特质。不应当将他视为异于常人。不是因为智力特质选择了汉诺威王朝,任何时候,都不会有一个家庭在直系后代里代代出天才。不管是乔治五世还是乔治六世，都不能号称自己更勤奋、更懂常识。但是，这些品质如果用在当务之急，会非常有价值。我们的部长们都是普通人。以最近这些首相们——除了温斯顿·丘吉尔——来说，全国成千上万的人都有这种能力。事实上，除了在战时，英国人民对智力和想象力持怀疑态度。君主和部长一样，要扮演公共角色。但是，国王与部长又不一样，他不需要在政治事务上油嘴滑舌，不需要加入一个党派，不需要说一些漂亮的口号，有时用以引发讨论。政治家们被不断攻击的罪状是，他们趋向于相信他们所说的。公共生活中持点保留态度通常会有好的效果。像乔治五世这样的国王和鲍德温爵士这样的政治家都不相上下。乔治五世能够像拿针刺破一个气球一样，戳穿劳合·乔治勋爵的花言巧语。除非他为之着迷，这也是有可能的。维多利亚女王抱怨说，格莱斯顿勋爵“跟我说话就像在公共会议上一样”。但令观众们寒心的是，虽然不是在公共会议上，而她却屈服于迪斯雷利的奉承。国王若能保持镇定（比喻），只需要具备一点常识，就能造福无穷。

偶尔，国王还需要更多职权，譬如，解散权不仅是首相职权，如果国王认为，这是严重滥用权力，可以拒绝解散。1910 年曾出现过犹豫不定，但 20 世纪还没有出现过这种情况。然而，在其他共和国,问题有时就很尖锐。如果首相只是因为与大多数同僚有分歧就建议解散议会,像1939年的赫佐格将军(General Hertzog),国王完全有权拒绝。1940年5月德国入侵比利时,如果张伯伦勋爵建议解散(事实上他没有这种想法),国王完全有理由拒绝。

换句话说,有时候,"形式"职能不再仅仅是形式。一般来说,只要是首相推荐的人选,国王不会拒绝授予其贵族头衔,但是,如果那个人不适合拥有贵族头衔,国王有权作出声明。然而,国王不会为了在贵族院占据多数席位,而设立900名或更多的贵族,除非他意识到民意确实有此要求。为此,就像1910年那样,他可能要求针对这一特殊问题举行大选。

这种情况下,约束国王行为的基本原则是,他的特权不能用于党派目的。他本人既不能是某个党派的党员,也不能给人这种假象。1913年联合主义的政治家们要求乔治五世未经"咨询"自由党政府就解散议会。这种要求愚蠢至极,因为虽然解散议会需要国王的合作,但同样需要内阁合作。因此,这可能就是要求国王解雇他的内阁大臣,原因是他们没有"授权"地方自治这些似是而非的理由。如果乔治五世这样做了,就表明他是有党派的,换句话说,他就是一名联合主义者。

然而，必须强调，这些都是例外。比国王的政府职能重要得多的是白芝浩所谓的“尊严”职能。政府治理不仅仅是确保公共服务的高效和忠诚。我们中间大量的社会治理人员都是不拿薪水的业务爱好者。贵族、市府参事、政务会委员、治安官、皇家委员会和咨询委员会委员，成千上万参与社会志愿服务和慈善事业的人，为了公共服务，付出他们的时间和精力。社会治理不只是发布命令，要求服从，还需要各行各业的自愿合作。民主是民享政府，也是民治政府。每个人必须意识到自己对集体的责任。

这样说只是表明，一定程度的爱国主义——合作的爱国主义，而不是进攻型的爱国主义——是可贵的原则。战争时期人们不能忽视其重要性，和平时期也同样重要。当然，并不必然是有了国王才有爱国主义。君主国里有第五纵队，伟大的共和国在爱国主义上也没有问题。即便如此，君主有助于专注爱国主义，特别是在有悠久光辉历史的国度。如果 1649 年之后，英格兰仍然是一个共和国，或者在 1688 年变成一个共和国，那么现在就会有一种依附在祖国上的情感，或是依附在类似美国宪法上的情感。直到 1760 年，斯图尔特王朝比乔治王朝更“浪漫”。

但是，象征越具体，效果越明显。国家如果能够人格化，就会更容易。一个选举产生的总统,即便从政治走了出来,也无法替代继承出来的君主。像美国总统这种活跃的政治家很少能成为替代品。我们可以咒骂政府,但为国王欢呼。

国家人格化在君主身上,若要充分发挥作用,需要君主积极行善工。格莱斯顿抱怨维多利亚女王在亲王去世后隐退了很多年。在1887年女王登基50周年纪念和1897年60周年纪念中,迪斯雷利的劝说有目共睹。当选举权扩大,需要激发民众的想象时,“小老太太”迎合了大众的想象。事实上,可能还有点过度了。如果爱国主义和沙文主义之间的界限不混合,米尔纳和约瑟夫·张伯伦有可能就无法进行在南非的战争。

当然,民主政府并不只是无情的辩论和乏味的政策,肯定还有许多精彩的内容,但没有什么比紫皇冠和皇家的猩红袍更耀眼。因此,20世纪,我们已经给皇室施加了不可承受的重担。他们不仅占据各种头条,出现在各种国家场合,还要到处视察,参加各种启动仪式、奠基工程,在众目睽睽之下从事成百上千的无聊事务。

中世纪的“浪漫”围绕在女王身边不是没有危害。爱国主义很容易滑向沙文主义,尽管还没有证据表明20世纪有这种迹象。此外,维多利亚时代的一些遗物不再适合现代情况。维多利亚女王是在社会还高度分层的基础上确立了君主制，只有顶层社会才和王权有联系，这是很合理的。过去50年，特别是过去20年，维多利亚意义上的“社会”基本消失了，维持维多利亚王室的传统已经开始把王室同财富联系起来，而不再是同过去所谓的“出身”联系在一起。结果是，战争期间，许多人把宣称为经济体制特点的“资本主义剥削”作为堡垒。现在，通过较高的直接税和遗产税，财富反而正在消失，逐步出现了新的方案，以避免保守党反复利用的建议，即国王作为该党的附属品。

尽管英国之外的联合王国不属于本书讨论的范围，但若不提国王在共和国其他情况各异的地方发挥的黏合作用，会是不完整的。国王本人在联合王国中的独立成员国很少有什么职权，也没有太重要的实际作用，但是，联合王国其他地方要比英国更需要共同的情感，国王的存在有助于解决这个问题。联合王国有6亿人民，每个人都主要关心自己共同体的社会福利。共有20个独立国家，各有不同的历史、传统、语言、经济、利益和文化。这个称作联合王国的奇异实体无组织，貌似很神秘。事实上，如果不过度强调英国在其中发挥的作用，很难识别赋予其团结和个性的核心主题。直到近来，“忠于国王”仍可能作为一个链接。但“忠于国王”本身就是一种想象。然而，印度一旦独立,这种想象显然也要消失。根据1949年《联合王国宣言》,国王被“视为”各独立成员国“自由联合的象征”,“身份是联合王国元首”。如何让象征性角色仅仅发挥象征性作用,是共和国,也是英国宪法,面临的难题之一。

第六章　行　政

一、行政主体

议会和政党的大部分工作都是公开运行。可以说，它们是公之于众的宪法机构。因此，普通人对它们的工作大体上都有准确的认知。尽管各方关系的微妙平衡和对各种职责的重视程度由从事实务的政治家和专家负责，但选民完全能够对它们的能力和效率做出判断。内阁系统的运转鲜为人知，因为大多都是保密的。但是，内阁是整个舞台的中心。它才是“政府”。如果事情搞砸了，它承担责任。如果搞得好——这种情况很少见——它会受表扬。内阁成员是议员和政党领袖。其行为受公众关注，其职责众所周知。然而，如果没有成千上万不为公众所知的个人参与政府系统繁琐的工作，英国宪法就无法实施。

英国行政系统的复杂性一定程度上源于历史，但主要是因为承担了广泛的职责。首先，需要注意的是，北爱尔兰的大多数行政由北爱尔兰的议会负责，而不归联合王国的议会负责。因此，北爱尔兰的行政系统与大不列颠的行政系统截然不同。其次，英格兰的行政系统与苏格兰的行政系统从未完全融合，因此，通常来说，住房和地方政府部、农渔食品部、教育部只在英格兰和威尔士行使职权。苏格兰有独立的行政部门受苏格兰事务大臣领导。苏格兰事务大臣还享有内政大臣在英格兰行使的某些职权。此外，英格兰和苏格兰存在两套不同的地方政府机构。最后，因为行政机关的划分导致司法系统也不同。大法官通常只在英格兰和威尔士行使职权，因此，有两套司法官员队伍。

还必须强调的是，“行政”与“私主体”之间的界分并不容易。譬如，有一些公用事业（自 1945 ~ 1951 年工党领导下的“国有化”以来，这类组织愈加繁多），如公共交通、自来水公司等，尽管有些归属地方政府，有些归属公司，还有些归属各种委员会，但都由议会授予特别权力进行规制。在该领域，“公司”（company）通常表明是私主体，但常见的是议会授权组建公司，作为政府机构。而“公司”（corporation）（如英国广播公司和英国海外航空公司）意味着该组织多少是直接受政府控制的。

“委员会”也可能是旨在控制私主体的部门，或是用于管理国有企业。国家煤炭局、英国运输委员会、电力局和天然气委员会，都是作为国家的代理人。纯粹的政府职能还会被其他组织承担，有时仅仅是自治组织，如律师公会、医学总会、牙医协会、建筑师注册协会、护士注册协会。很难弄清楚什么时候这类组织类似于英国广播公司、大都市水务委员会、伦敦港务局、领港公会、河流局、销售局等。通常的解释是，英国宪法本质上是经验主义。既定的组织被赋予新的职能，或是原有职能转让给一个新的组织，或是设立一个新的组织承担一项新职能，这种情况之所以发生，最初主要是为了实用。国家职能的增加产生了成百上千的新组织，也为成百上千的既定组织赋予了新的职能。只有专门关心某个组织的人才了解该组织的组建方式、权力以及行使范围。

幸运的是，虽然提及了这些组织，但也可以忽略它们。它们当然制造了难题，尤其是与其他政府部门之间的关系。从社会学或经济学的角度来说，不能忽视这些组织，因为许多组织都有强制权或是垄断权，切实影响普通人的利益。我们很快就会触及一个问题。如果我们被浩如烟海的局、委员会、国有企业、公司、公会等统治，它们与议会或地方选民的关系很遥远，那么，我们需要认真问自己:我们是否还有民主。但是,对于这类问题,要么给予详细讨论,要么根本就别讨论。因为它们的每一项社会职能都有所不同。

此外,对于本书的讨论来说,可以忽略地方行政部门。当然,必须注意的是,这些地方行政部门承担了一些最重要且最直接的国家职能。有句话说得好,现代文明取决于下水道。地方当局不仅负责公共健康,而且参与教育、治安、住房、规划等。这里还有一些问题,但它们规模更小,更不要提紧急性和专业性。地方当局直接向人民负责,这一点解决了最主要的难题。

通常来说,重要问题与国家的核心部门有关。这些部门受内阁大臣掌控,向议会负责。这里也有一个明显的问题,那就是国家职能日益增加。18 世纪初叶,国家部门有大法官部、财政部、枢密院、玉玺保管处、海军部、两位国务秘书办公室、战争办公室和邮政局。尽管海军部和战争办公室被国防部吸收,但所有这些部门都还存在。两位国务秘书办公室已经扩展为外交部、内政部、联邦关系办公室、殖民部、苏格兰事务部、威尔士事务部、国防秘书办公室、教科秘书办公室。在威尔逊执政时期,还有第一国务秘书和经济事务大臣。此外,还有贸易部、农渔食品部、劳动部、卫生部、交通部、社会保障部、住房与地方政府部、建筑工程部、航空部、电力部，等等。

很难对这些名目繁多的部门进行概括，因为不能假定它们承担的各种职能是相当的。它们的组织方式不同，因为它们承担着截然不同的职能。

可以对这些部门进行如下划分：

1. 国防

直到最近，皇家海军、陆军和空军还分别由不同部门——海军部、陆军部和空军部掌管，尽管 1945 年之后，由国防部部长协调并主持内阁的国防委员会，接受参谋长的建议。只有国防部部长是内阁成员。三军当初分别管理的理由是，三种武装力量的部署需要不同的技术，每个部门都需要配备装备，如轮船、飞机、大炮、坦克和舰艇。对所有兵种来说，装备和军火供应都是一样的，可以在国防委员会和国防部长的指挥下，通过各委员会组成的工作网络，予以部署。但是，现代战争要求力量整合，这就导致权力逐步集中到国防部。1964 年，3 个独立的部门实际上成了 3 个分部，皇家海军部、陆军部和空军部部长都归国防大臣领导。

2. 外交关系

外交部是最简单的组织之一，因为其职能就是“政治”命令的“传声筒”。尽管外交部负责外交和咨询业务，但它不用像大多数部门那样，作大量的技术性决定。其主要任务是收集信息，供外交大臣或内阁作政治决定。英联邦关系办公室同样是关注政策，而非技术决定。事实上，它和殖民部共用下级部门。殖民部主要是在仅存的殖民地和保护国网罗并提拔官员，监督殖民地总督和其他官员的决定。可以注意到，内政部在海峡群岛和马恩岛行使类似职能。

3. 行政监督

由于大量政府职能都是由中央行政系统之外的无数部门承担，所以，中央部门行使监督权。教科大臣有权监督地方教育部门。运输部有权监督地方政府高速公路管理职能，以及英国运输委员会的相关工作。能源部有权监督委员会从事的电力和天然气事业。农渔食品部有权监督地方政府的农业管理，监督流域委员会和灌溉委员会，以及监督最近几年为解决各种农业和渔业问题设立的各专门委员会。内政部监督警察、消防队和地方选举。地方政府其他的大部分职能由住房和地方政府部监督。在许多情况下，苏格兰的情况会有所不同。苏格兰事务部或在其管辖下的某个部代替了相应的英国部门。

4. 直接服务

如果抛开国防服务，为了人民的利益，直接提供的最古老的服务当属邮政。但是，近来，直接服务明显有所扩张。卫生部提供国民医疗服务。自 1966 年开始，此前由国家济贫局提供的养老金、社会保障以及附加赔偿开始由社会保障部负责。还有一项令人民获益的服务，很难描述，但也不需要解释，那就是监狱系统，在内政部监管下，由监狱委员会负责。内政部还直接监管都市警察。

5. 执法

执法主要是警察的责任，都市警察辖区之外，警察都由当地警察局聘用。但是，有时会要求更多积极管理，如例行检查。这些大多也都由地方政府有关部门负责，如与度量衡、食品药品有关的部门。但是，有时由中央部门直接干预。厂检、爆炸物管理和外国人管理都归内政部，而劳工部负责外国人的就业。农渔食品部管理动植物疾病。

6. 帮扶私主体

这项职能不容易与其他职能区分，因为它很容易变成执法或监督。因此，农渔食品部负责辅助农民和渔民。但是，帮扶不仅仅是技术辅助，还有资金需求。而财政资助就会涉及一些监管。同样,矿业部负责辅助和执法,但能源部可以通过国家煤炭局行使监督权。贸易部和农渔食品部仍然通过信息或其他方式提供帮助。

7. 附属服务

最大的附属服务是资金供应和监督政府的所有开支。这是财政部的专属职能,由它通过国内税收专员和海关与国内税务司征税。皇家地产委员会和邮局也能收钱。财政监管还意味着对部门预算和合同进行监督。这也导致财政部对行政事务的一般监督。最后,公共工程和建设部提供政府部门及其无数办事处需要的楼房和家具。

千万不要认为上文概述了全部的政府职能,但确实表明了政府职能的多样性。这足以表明,政府需要很多类型的公务人员。譬如,邮局需要雇用邮递员,还得有人分发邮件、发送电报、接通电话,需要工程师、拣信员、柜台助理,还需要大量的文案人员进行核对、记账、记事等。海军船坞、军工厂和公共工程部都需要雇用熟练的、半熟练的和不具有任何技术含量的工人。在一些部门,或者说,在所有部门,都能见到各种专业人士——律师、会计师、建筑师、科学家和工程师。每个部门都需要速记员、打字员、保洁员、搬运工和信使。有些工作需要具备较高的技能和知识，这通常由所谓的“行政人员”组成，另有一些几乎是体力劳动。还有一些特殊工种，如工厂检查员、海关官员、职业介绍所的就业干事以及税务稽查员。最终决定由部长领导下的公务员作出。他们需要具备这个国家所能提供的最多情报和最高智商。

二、行政过程

前文足以表明，描述行政过程是不可能的。人们会在许多地方遇见，当地邮局、电话局、职业介绍所、税务稽查办公室，甚至在伦敦的街角。但是，最重要的是，人们不直接接触，但事实上甚至更能影响人民的生活，因为这个群体协助部长作出有关国家政策的决定。这个所谓的“行政层级”是非常小的一个群体，大约只有 3300 人。虽然被称为吃皇粮的政府雇员有 60 万人之多，其中 25 万人通常被老百姓称为“公务员”。但是，这 3300 人在行政系统中占据重要位置。其中，有些人非常重要，尽管他们从事的工作是匿名的，但他们的名字会出现在报纸上。这些人是最重要的行政阶层，这个阶层中还包括一些年轻人，他们大学毕业后直接通过考试进来。

这些行政层级中的公务员，许多都是从事所谓的内部行政事务。譬如，他们可能参与处理与财政部的财政关系，或是文职人员的任命与提拔。我们的主要关注点是政策制定。因此，为方便起见，假定这些行政层级只行使该项职能。如果我们看一下某个部门的行政等级，以卫生部为例，会发现类似下面的情况：

部长

　私人秘书

　私人秘书助理

政务次官

　私人秘书

常务秘书

　私人秘书

副部长

8 名次官

26 名部长助理

46 名主任

　主任助理

部长和政务次官是议会成员。在有些部门,政务次官也会行使一些通常由部长行使的职权,这要么是传统上的权力分配,要么是部长专门授权。但是,一般而言,政务次官的职权由议会规定。在部内,政务次官的一部分职责是针对可能在议会提出的许多问题提供自己的建议,还有一部分职责通常是评论文件,参加或主持委员会会议。

常务秘书是各部的常任首脑。他的位置被比作总经理。他行使一般管理权,对呈交给部长的建议拥有最终决定权,针对部长命令有最先发言权。副部长(有的部有两个)为常务秘书提供日常协助,可能会专门负责部里的某项工作。

次官负责部里的某个部门。譬如在卫生部,一名次官负责财务,另一名次官负责设立项目等。如果工作量大,可能需要部长助理的协助。有的部门工作很少,可能根本就不需要次官,但会由部长助理负责。主任是资深官员和资深技术人员,通常协助撰写备忘录,评论其他人的备忘录,担任部里各委员会的助理,总结文件内容,分析统计数据等。主任助理从事同样的工作,但他们更年轻,缺乏经验,并且他们的主要任务是学习整个工作流程,其中有些人将来会成为常务秘书。部长可能会有一位主任担任私人秘书,而其他的私人秘书可能是主任助理。

这里关心的职能是作出决定和执行决定。从行政事务的角度来看,这涉及3类任务。

第一,信息收集和分析。政府智慧的累积不仅是来自各部部长和公务员的头脑,甚至不仅是备忘录的文件,而是图书馆、急件、报告等。部门负责范围内的任何信息都需要快速获取。外交部就是最好的例子。大家都知道,英国驻外代表的电报源源不断地送到外交部。外交部长、常务秘书、[1]副部长,可能甚至副部长助理,和大使馆大使或公使、参事或公使馆全体人员见面,都要迅速记录下来,以作备案。这些外交代表还会带来或发送一些文件。报纸或剪报提供的信息可能比官方渠道提供的信息多少还要准确些,但这些信息都需要阅读审查。知名人士撰写的著作都要知道。这些信息可能不是直接有用。对外交部来说,10年之内,鲁里坦尼亚可能都不重要。但是,突然有消息传来,王储被杀或大选产生出不友好的政府,或是英国人被关押,这就出现了微妙的情况。从首相到部长助理,每个人都嚷嚷着要看整个事件全面而简练的背景信息。部里必须有人了解这方面的信息,最重要的是,得有人确切知道,在部门档案中,从哪里

---

〔1〕 外交部称"总经理"的国务秘书,不是Permanent Secretary,而是Permanent Under-Secretary of State。

能够找到完整的事件材料。

第二,信息储备是一项附属职能。没有信息储备,可能是糟糕的。因为整个决定都可能成了“瞎子摸鱼”。行政事务中的重要职能是作决定。目前的内阁制建立之时,每一项决定可能都是由部长亲自作出。譬如,我们发现,皮尔和格莱斯顿的通信,不仅涉及降低关税,还有具体的细节。詹姆斯·格雷厄姆(James Graham)在海军部时,虽然不会亲自命令舰队工作人员收桅杆,但他知道海军部的一切情况。约翰·拉塞尔勋爵和格雷厄姆会亲自起草法案。部长事实上,而不仅是形式上,决定每个人事任免。那时候的部长只需要一名首席顾问、少数几名技术官员和一些文书助理。

历史很重要。正是在皮尔、拉塞尔和格莱斯顿的领导下,建立了内阁制。然而,1842 年国家支出大约是 5000 万英镑。所有类型的公务人员总共不超过 4 万人。1963 ~ 1964 年,“日常”开支超过了 60 亿英镑,公务人员超过 60 万人。工作增加了 10 倍,但不意味着部长作的决定也增加了 10 倍。特别需要注意的是,部长的议会职责和政治职责也增加了,而这些职责很多是不能授权给他人的。这意味着,现代的部长更少作决定。当然从外交部到邮政局,每个部门的情况有所不同。外交部很多决定具有“政治性”,邮政总局局长作的决定很少。

当然,许多决定都是纯粹的常规事务。譬如,一个“登记”申请失业保险的人,他会发现,社会保障部部长本人根本不了解他的情况,而是一些基层官员决定他是否有资格获得失业保险。即便是需要裁量判断,也是由较低层级的官员作出决定。社会保障部的一个地方官员有权决定是否为一个失业的人或退休的人提供补充津贴。但是,事情越重要,越要报给高级别官员决定,直至报给部长助理。譬如,住宅建设方案最终就会收到此类官员的审批。同样,所有原则问题都要上报到这个级别。部长助理以下的任何人不得以部长的名义签署文件。只有那些特别难或不同寻常,或可能涉及政治分歧的问题,才会按照已有的操作指南,报给更高层级。如果涉及部里的多个部门,还需要相关部门人员的意见,如果无法达成一致,就要提交部委员会(这个委员会不是部长任命外部人员组成的制作报告的委员会)。如果涉及两个或多个部门,可能有必要设立一个跨部门委员会。

但是,绝大多数问题是“部门内问题”,涉及广泛的裁量权,且裁量权的行使需要建立在了解情况的基础上。形式上,这些都会提交给部长。如果他明智的话,他会只处理重要的问题。常务秘书的职责是审查每个问题的重要性,决定是否提交给部长。如果将来遭到平民院的批评,则由部长承担责任。另外,确保部长不会被琐碎的事情打扰,同样是常务秘书的职责。但是,提交给部长的问题中,可能大量的还不能称为严格的“政治”问题。政治问题,并且只有政治问题,最终要提交给内阁,特别是涉及重大开支、制定新法、涉及多个部门或是可能要在平民院讨论的问题。部长必须准备好对这些问题提出积极建议,因此,必须形成自己的想法。除此之外,他还要考虑部门的性质,可能涉及行政重组、政策改变或调查委员会的任命。

因此,可能形成如下的决策等级:

日常和微小裁量	行政人员
政策内的裁量	部长助理
部门政策	常务秘书和部长
政府政策	内阁

这确实是非常粗略的分类,因为很难用语言表达这种区分。但是,一个很重要的事实是,大量决策都是由资深公务员作出的。此外,即使是部长或内阁作的决定,相关材料也是提前准备好的。这些信息都是由主任或主任助理收集,他们也会把自己的意见加进去。至少在要求他们提供自己意见的时候,他们肯定是会这样做的。主任的备忘录由部长助理审阅,他可能会加

上自己意见后上交,或者直接扔到垃圾桶里另写一篇,或是交给另一位更资深的主任,并要求他以更合理的形式补充一些信息。其他部长助理也会提出自己的意见。文件可能还会送到另一个部门征求意见。次官、副部长、常务秘书可能会写同意或不同意。文件前面会有引言,譬如说介绍许多地方政府改革,这肯定冗长。棘手问题将会由委员会讨论。在这个过程中,部长具体在什么时候介入,部分取决于他本人,部分取决于问题。但是,最终摆在他面前的是对可行性方案的明确表述,附有支持或反对的各方意见。如果他愿意的话他可以看这些文件,但通常不需要看,因为部门的集体智慧已经把这个问题解决了,这里面必然包含着常识和政治才干。如果他认为必须征求内阁意见,他就形成自己的想法,找一名部长助理(部长助理可能找一名主任)在内阁备忘录上说明情况。

第三,最终不管在什么程度上作出了决定,这就进入第三个职能:执行。作决定的层级越高,可能越具有普遍性,越需要解释。譬如,一个提高离校年龄的决定,可能由内阁作出。这个决定将产生大量后果,涉及更多的学校、老师、额外的教育经费、学者的生活补助金、教会学校的需求等。有些问题还很重要,需要由某个内阁委员会讨论。另外一些问题可能就由教育部决定,或与财政部讨论后决定。可能还有在校医疗的问题,需要与卫生部讨论。特殊情况下涉及学者休假的问题,可能由劳工部提出或联合劳工部一起提出。部门内部需要有人考虑一些不重要的问题,以便指导具体的起草人员。这个人反而可能会提出一些在他看来需要的某种解决方式。或许会与部门外的人有一些讨论——可能有坎特伯雷大主教、反对者领袖、教育委员会协会、全国教师联盟等。备忘录会准备好,作为部长讲话的基础。修改意见都会进行审查,不接受的,要提供理由。最后,当法案通过时,必须要发动行政机构起草相关规章、发放通知、设计表格、考虑各教育局的建议、讨论遇到的困难并予以克服。所有这些几乎都没有部长的参与。根据问题的重要性,同样有一些职能上的分工。

三、官僚机构

“官僚机构”通常与行政过程的细枝末节有关。譬如,据说,通过发布法定文件就可以行使非常大的权力。还有人抱怨,应该提交法院的分歧被“部长们”(意思是“公务员”)解决了。

这些都是很重要的问题,因为涉及个人的权利和利益。然而,这也表明,官僚通常是以对现代行政法的误解为基础。政府行使更大的新职权时,就不能再采用19世纪的治理技术。放任主义的消亡并不表明行政管理和刑罚方法的消亡,因为原来的职能仍然存在,没有人认为执行这些职能的方法错了。但是,这些方法不适用于社会保险、国家计划、住房以及20世纪的其他职能。

国家职能增多带来的普遍问题更重要。一部分通过增加部门数量,因此增加了部长数量,得以解决,但这又引发了部门之间的协调问题,本书第七章对此有所讨论。还有一部分通过设立附属部门得以解决。这方面的尝试还不多。显然还没有考虑成熟,无法推广适用。前者在1916年2月就开始尝试,当时,议会外交事务常务秘书被提拔到内阁担任封锁大臣。他仍然隶属外交部的一般领导,因为封锁涉及外交政策,但他在外交政策范围内,可以自由作出日常决定。获得海军部联络人的担保后,他在1915年清除了两个部门之间产生的许多引发摩擦的缘由。

战争结束时,封锁部撤销了,但同时在1917年年底设立了海外贸易部。原因是,外交部和贸易委员会在谁应当管理商业服务、大英帝国的海外贸易专员、英国公使馆的贸易专员和领事等问题上发生分歧。最终政府决定,由一个新的联合部门管理贸易专员，而领事仍归外交部的商务处。联合部门的首脑是一个政务次官，对外交大臣和贸易委员会主席负责。作为外交事务常务秘书，他还隶属于外交部，掌管外交部的商务处。它一直存续到 1939 年战争爆发时才被取消。

1920 年在贸易委员会下设立了第三个部——矿业部，受政务次官领导。时任贸易委员会主席说，政府次官“负责该部门的全部日常工作，涉及重大政策问题，只向贸易委员会主席负责”。这种观点受到批评，理由是部长负责制遭到削弱。莱斯利·斯科特（Leslie Scott）爵士说，“随着这种分担责任制的出现，英国宪法将不复存在”。然而，在接下来的 20 年，英国宪法并没有崩溃，矿业部仍然继续运转，直到被并入燃料动力部。这种制度并没有削弱部长负责制，反而使其更有效。因为这种方案让公务员也可以作出一些具有实质重要性的决定。这不仅不应受到谴责，而且应成为一种先例，予以遵守。这使部长能够专心作重要决定，而无须增加部门数量，因此不至于加重部门间的协调问题。

1939～1945 年战争期间，行政事务必然加重，丘吉尔爵士发现一种新方法，后来的首相都仿照执行。这就是把“政务大臣”分配到超负荷运转的部门。一个政务大臣可以分担某部的一部分职责,部里官员可以把文件呈交给他。大多数情况下,他可以自己决定,如果问题棘手,他也可以请示部长,毕竟仍然是部长向议会负责。1959 年保守党执政时,有 4 位此类大臣。1966 年工党执政时,有 14 位。他们事实上不属内阁成员,但视同内阁级,因此,比政务次官更有权力。当国务大臣参与其他事务时,普遍由政务大臣担任其助手。譬如,当国务大臣与肯尼亚政府协商事务时,可能需要负责联邦事务的政务大臣与马耳他政府协商。当肯尼亚部长们回到非洲时,国务大臣就可以接管马耳他的问题。

国防部还采用了另一种制度,不仅是国务大臣,而且是 3 位内阁级部长,称为皇家海军、陆军和空军的国防部长。

不管有多少部长,动用政府多少的政治力量,大多数决定都由公务员作出,国防部里由军官作出。但是,这里有一个非常真实的制衡,防止授权给公务员之后,出现官僚阶层。部长对议会负责,意味着每个决定,即便是行政层级很低的决定,也可能在议会里受到批评。如果某个议员认为某人遭遇不公,或是适用了错误的原则,他可以私下要求部长做出解释。如果这位议员不满意,或他不想用这种方法,他可以在议会里提出质疑。如果未能回答他的批评,或者他认为这个问题具有普遍性,他可以提出来进行讨论。通过这些方式，必定会引起部长们的注意。如果部长们认为批评得有道理，肯定会着手调查。我们随便举几个例子。1940 年的某天，矿业部部长被问及兰开夏矿井缩短工作时间的问题，航运部部长被问及新港的干船坞舱位问题，邮政局局长被问及军营无线电许可证的问题，卫生部部长被问及莫特先生的养老金问题，等等。这些部长们在被问及之前，可能根本就不知道这些问题。尽管部长可能说一些安慰的话，但如果有真实的困难，就会在部里展开调查。

可以提出问题要比提出的这些问题更重要。部长必须要处理议会里可能提出的任何问题。每个公务员都必须知道，如果某个决定令人无法接受，他的部长就可能掉进了马蜂窝。结果可能不是部长做的决定太少，而是做的决定太多。部长不能出错，因此，公务员就不能出错。所以，有人抱怨，与私营企业相比，像邮局这样的行政部门太过胆小。通常的规律是，谨慎小心地作决定，会让整个问题陷入大堆“繁文缛节”之中。批评繁文缛节的许多人，经常还会批评相反做法的缺陷，即由那些“匿名的自以为是的年轻人”代替部长们作决定。当然，这两方面都是事实。由公务员作决定不可避免，同样不可避免的是，有些公务员应当将职责提交给上级，或者给予足够的谨慎，不要草率而为。

由公务员作决定,没有什么真实的危害。相反,对于那些不具有政治性的问题,让部长去关注,实在是浪费部长时间。同时,必须要知道,政治和行政之间界限分明。此外,即便是某位部长作决定,或将其提交给内阁,负责的公务员还是会表达他们的意见。不能期望,也不能渴望,这种水准的公务员会缄默其口。但是,结果是“部门政策”独立于部长和内阁。部门政策听从政治决定,但又对政治决定有深远影响。如果一位部长没有自己明确的观点,基本上会采纳部门政策。如果部长有自己的观点,就会发现,无论费多大的劲,只要他的想法和公务员的想法不一致,公务员们总能找到大量反对意见。

一定不能认为“部门政策”是形式化的。这并不是任何地方都能遇到的,这当然也不是官僚机构的共谋。这只是资深公务员集体经验和智慧的产物。在财政问题上可能谈到“正统财政”。事实上,我们经常听到“财政智慧”。当许多人都深深怀疑对法国的外交政策时,会指责外交部有亲法倾向。在巴勒斯坦问题上,此前曾指责殖民部同情阿拉伯。有人提出,印度事务处更青睐穆斯林,而不是印度,不是因为国会政治家们给的理由,大不列颠要分而治之,而是在印度的英国管理人员发现穆斯林文化比印度文化更有吸引力。并不是说,这些说辞都是事实。因为证据肯定不足,不可能证明这些说辞。需要指出的是,可能会有这些说辞。换句话说,尽管部长易人,政府轮替,但部门政策持续不变。

但是,也不应过度强调部门政策的重要性。部长决定政策,这是基本原则,没有其他原则比这一点更稳固,也更能持续得到落实。政府在 1932 年决定转向自由贸易时,财政官员们立马专心投入设计尽可能最好的关税制度。那个不习惯出于礼貌来写和蔼可亲的小说的阿瑟·亨德森(Arthur Henderson)爵士,见证了外交部协助他改变英国外交政策。大家都承认,文职系统的辛勤付出让 1945 ~ 1951 年工党政府的社会主义计划成功实施。保守党政府执政 13 年后,1964 年的文职系统非常迅速地采纳了迎合威尔逊想法的政府制度。

尽管体制充满种种困难,公务员必须要执行部长的命令,但资深公务员都是能人,通常比部长们更能干。他们的观点肯定很有分量。如果他们不坦诚指出他们已经预见到的困难,那就是失职。政治家们看不到结果的影响,很容易被简单易行的解决方案吸引。部门有责任防止部长犯错。但是,即便最优秀的专家也会犯错。现在肯定可以对张伯伦和哈利法克斯

(Halifax)在 1938 年采取的“绥靖政策”作出评判了,但在 1938 年时很难判断。如果当时外交部反对绥靖政策,也很难具体描述他们应该怎样断然指出绥靖政策的危险。此外,还不仅仅是作决定的问题。帕默斯顿表明,即便采纳了某项政策,也可能因为没能倾力付诸执行而让该项政策受到削弱。因此,作出绥靖政策的决定,还没结束。该原则决定了外交政策上的每一步。如果那些每天负责草拟电报的人认为这是错误的,他们肯定会踌躇犹豫。他们确实不应当像帕默斯顿在 1851 年那样故意消极怠工,但他们有时肯定会试图减少在他们看来可能有害的结果。

1937 年罗伯特·范斯塔特(Robert Vansittart)被免去外交部常务秘书职务,“明升暗降”到新设立的外交顾问办公室,因为他支持艾登爵士,而不支持张伯伦爵士。这种说法可能不符合事实。因为他作为外交政策委员会(误称为核心内阁)成员,很大程度上执行了绥靖政策。事实上,完全有可能出现这种情况。这就表明,存在这样一种认识,即在某些情况下,部门政策与部长策略明显冲突,为了要维持部长策略的至高性,撤换官员是必然的。同样,据说非常能干的行政人员伊夫林·莫里(Evelyn Murray)在 1934 年被调到关税及国内货物税税务局,是因为他担任邮政局秘书20年里形成的观点成为金斯利·伍德(Kingsley Wood)执行改革的障碍。

很难说,这类问题出现的概率有多高,但不涉及政府更替时,这类问题也会出现。政府更替,政策突然改变,这就可能出现,甚至有更大的影响。我们假定1903年确定了政府间谅解,并得到外交部的积极支持,新的自由党部长在1905年决定这项政策完全错误。我们能期待外交部还能反向积极落实吗?财政部的理查德·霍普金斯(Richard Hopkins)1931年在皇家失业保险委员会提出的观点被许多工党政治家明确谴责。莫里斯·汉基(Maurice Hankey)1935年在皇家军备委员会提出的观点直接违背了工党政策。这只是公务员观点出名的少数几例。一些资深公务员显然不信任工党政策。但是,他们并非都有个人经历或社会知识能赋予工党民族精神。可以合理推定,财政部对工党会议上展示英格兰银行不会有任何怀疑。贸易委员会也不会对那些一次次施展援手的著名企业家和商业领袖冷漠无情。

另外,工党政府1945年执政时,没有任何困难。就目前所知,没有资深公务员因为不能与工党部长合作或不参与执行工党政策,被调岗或“明升暗降”。却有少数几例意想不到的任命,但没有证据表明这是与政治观点有关。如果在任命上有政治偏见,作为反对党的保守党肯定会毫不犹豫地指出来。因为任命保守党支持者到新成立的公有公司时,保守党成员就毫不犹豫地喊“任人唯亲”。尽管从未公开揭露过公务员制度和内部压力,但对外部观察者来说,公务员制度非常好地适应了新的政治体制。

毫无疑问,如果政党间没有根本分歧,会使过程更简单。国民保险计划是由自由党发起的一项制度,得到了保守党的执行。国民健康计划是全新的,并且更具革命性,但在较小的范围内,公务员已经习惯于处理。国有化主要是从此前政府提出的各种监管和辅助方法中发展演变而来,而先前也利用过公有公司。事实上,战争提供了一个过渡期。从张伯伦政府到阿托利政府是一个惊人的变化。但是,除了1945年丘吉尔的“临时”政府这一短暂时期外,主要的工党大臣自1940年就开始执政。阿托利曾经是副首相,参与竞选,成为首相。

1964年有了更多变化,但主要是官员职责调整,以适应政府体制的改变,这是威尔逊勋爵希望立即着手的变化。此外,一些支持工党的知名专家加入行政系统,辅助工党部长将工党竞选纲领中泛泛而谈的政策具体化。他们是作为专家进入行政系统,不是为了“任人唯亲”。这种理念显然是肯尼迪总统给威尔逊勋爵的建议。肯尼迪总统从美国大学中组建了“智囊团”。这些专家从各自单位——通常是大学或学院——中休假。然而,这种理念的风险是,既有保守党专家,也有工党专家。好像是说,不能让公务员提政策建议,因为他们没有党派意见。此外,政治侵入公共服务是迈向“变质”的第一步,最终走向腐败。英国避免了这些问题,因为坚持了3个原则,也可以说是一个原则的3个方面。第一,部长对本部门的所有行为负技术责任和道德责任,如果发生严重错误,必须辞职。第二,议会批评公务员从根本上是违宪的,也令人反感。第三,公务员政治中立,不管政府政策或方案是什么,他都能提供最好的建议。

第七章　内阁政府

一、内阁责任制

英国宪法对政治学的独特贡献与其说是代议制政府，不如说是责任政府。代议制是一个显而易见的策略。责任政府在代议制的基础上，又增加了承担政府职责的个人向立法机关——平民院的人民代表负责。政治家们要么是平民院议员，要么由平民院附属政治部门代表。通过对他们手中掌握的行政职能进行监督，确保责任制得到落实。只要有一个贵族院，内阁大臣们不能身兼两院，那么必然是只有极少数大臣在贵族院。这并不是很令人满意的设计。因为贵族院批准与否，对政府政策都不会有太大影响，政治问题都是在平民院解决。某个人因为是贵族，就没有资格担任内阁大臣，尽管这不太令人满意，但他通过平民院的下属大臣确实很难履行他的主要职责。贵族们自然希望贵族院能有少数资深的内阁成员，但重要的政治任务在平民院。如果外交大臣是一名贵族，就像 1961 年的霍姆勋爵，平民院对外交政策就失去了权威发言权，因为另一位大臣只是一个代表，而事务艰巨的首相不可能熟悉所有政策。此外，议会的反对意见在平民院，这是对政策最有效的批评，因此，内阁大臣应当熟悉这种场合，能够为自己作出负责任的辩解。另外，让内阁大臣在议会两院发言，会极大地增加他们的负担。他们的负担已经很大，不能再增加了。真正的解决办法是，所有重要部门的首脑都应当来自平民院，尽管这意味着贵族应当能被选入平民院，这样贵族院才会有一定数量的国务大臣。1964 年的威尔逊内阁中只有两位贵族，大法官和掌玺大臣。还有两位非内阁大臣：科教大臣和空军国防大臣。

大臣向平民院负责尽管不像听起来这么简单，但绝非虚设。所有决定都是由大臣们以其名义或作为内阁成员作出。公务员的所有决定都是以部长名义或受其监督作出的。如果部长将某些决定交给公务员——这在大的部门肯定是不可避免的，那么他必须承担所有行政瑕疵、对个人不公，以及政策遭到平民院否决的政治后果。他不能将责任推向公务员。如果公务员能受到批评,他应当可以为自己辩护。如果部长可以指责公务员,那么,公务员也应当有权指责部长。换句话说,公务员变成了政治家。但是,我们行政体系的根本原则是公共服务保持中立,并尽最大可能确保匿名。

由于大量重要的政治问题不是由部长们决定,而是由内阁决定,这就复杂了。通常情况下,内阁是由重要部门的首脑组成。作为部门首脑的部长,在涉及与本部门管辖范围有关的事务时,可以说是在内阁里的代表。因此,很难说这个部长是作为部门首脑发言,还是作为内阁的代言人。议会不了解内阁和部长之间的责任分配。实践中,这类问题通常由平民院自己决定。重要问题在很大程度上是议会的事情。如果罗瑟勒姆的约翰·斯密斯被否决了失业救济,国民保险部部长基本上不会了解情况。但是,如果罗瑟勒姆尊贵的议员提出这个问题,立马就会提升到部长层次,部长必须调查这个事情。如果整个反对党提出这个问题,这显然就成为行政上忽视或政治上歧视的典型案例,那么,基本上可以确定,内阁就要来讨论这个问题。

据说,无论某项政策是否提交给了内阁,内阁都要对整个政府政策承担集体责任。这项原则认为,任何部长的错误行政,或由其领导下的错误行政,都不应当归于部长,而是要归于内阁。

实践中从来不会这样落实,因为这还取决于内阁是否接受部长的决定。如果内阁否认了部长的决定,部长自己辞职。如果内阁接受了部长的决定,将其作为自己的决定(1928 年威廉·乔森·希克斯勋爵宣布赋予妇女同男子同等的选举权,显然就属这种情况),内阁就会将之作为对自己的信任。这种选择是公开的,即使该决定受到批评,也是内阁自己接受批评。譬如,1935 年《霍尔—拉瓦尔协定》显然得到内阁的批准,但是民意反应巨大,以致出奇地害怕民意的鲍德温内阁决定拒绝这项协议。因此,塞缪尔·霍尔勋爵成为"替罪羊",辞去外交部部长职务。

如果一项决定得到内阁支持,就成了对政府的信任问题。党鞭开始发挥作用,阁员们必须承担责任,要么支持政府,要么提出辞职,或是解散议会。实践中,出于前述原因,拥有多数席位的执政党都会支持政府。近年来,没有多数席位支持的政府有重要理由担心在议会受挫。因此,内阁支持某个部长的决定,确实不是因为议会的地位,而是因为该决定可能引发的民意。平民院的所有问题都是信任问题,几乎没有例外。真正重要的不是平民院的支持,而是人民的支持。因此,再次重申,真正能够发声的民意才是重要的检验标准。

因此,部长对平民院负责是确保政府与民意保持一致的方式。责任政府不能成为官僚政治。正是基于这个原因,才特别强调公务员的决定也应由部长负责。事实上,最近有许多故意设立官僚机构的例子,就是为了回避部长责任制。譬如,根据1945～1951年工党政府立法设立的公有公司,享有很大的独立性。他们只服从对应部长的“大方向”。即便议会有权向部长询问相关信息,部长也会拒绝回答详细内容。他们认为,就日常的监管而言,国有企业和市场竞争的企业一样,应当独立于政治控制,只遵守一般的行政政策,并且只在这种意义上受议会控制。国家济贫局基于不同原因提供了另一种例子。他们认为,国家援助津贴的裁量也应当完全独立于政治控制。诚如规章规定,这种裁量的使用原则应当得到议会同意。而议会只有权接受或拒绝,不能修改。可供国家济贫局使用的金钱数量应受议会控制。但是,每个案件中的具体裁量不应受到政治影响。

第二种情况展示了对议会的怀疑。而从来也没有证明议会是正确的。有可能真实的是,地方当局的裁量应当是依据“贫寒证明书”,而“贫寒证明书”是依据他们的政治观点。但是,没有证据证明他们根据接受者的政治观点区别对待。更能确定的是,议会不能成为对个人进行政治歧视的工具。工党占据多数席位时,要比保守党占据多数席位时,显然更支持较高的税率和更慷慨的裁量权。但是，国家济贫局不允许议会决定一般政策。必须牢记于心的是，平民院的决定就是政府的决定。执政党的党鞭发挥作用，多数票都是支持政府。因此，如果出现个人歧视，政府负责。但是，毫无疑问的是，任何政府试图存有这种方式的歧视时，将会在下次大选中惨败。这里不存在北美所用的宽泛意义上的“腐败”，因为100年来，选民们已经掌握了“廉洁政治”。所有的反对党都乐于收集各种例证，以便在每一次竞选演说中反复拿出来说事。因此，作为一个“独立”机构，国家济贫局事实上是完全失败的。与国家保险部相比，它也同样受政治控制。其“独立”的唯一结果是，导致了大量部际冲突。如果有什么地方出错了，国家济贫局的官员责怪国家保险部的官员，而国家保险部的官员又责怪国家济贫局的官员。[1]

还有必要强调，内阁负责制只是意味着每位政治家必须能够就每一项行政行为回答平民院的提问。必须强调这一点，因为“部长责任制”已经变成了一个口号，其本身就是一个理由，而背后的理由则被遗忘了。譬如，当提议授予议会秘书微小的决定权，或授予“超级部长”重要决定权时，反对者立马就会拿

〔1〕 1966年，国家济贫局被撤销，其工作由新设立的社会保障部承担。

出这个口号。事实上,燃料动力部成立之前,通常由矿业部部长回答本部的问题,而不是由贸易委员会主席。这并没有违反内阁责任制。相反,这使内阁责任制更加有效。因为,如果没有矿业部,也应该有一个矿业局。换句话说,副部长做的决定,不应当由贸易委员会主席来做,而是由作为矿业局首脑的副部长来做。平民院可以质疑贸易委员会主席,但有效的决定应当由公务员来做。设立矿业部的结果是议会可以批评这个部长,因为十有八九都是他自己做的决定。同样,国防部的存在并没有降低而是提高了内阁责任制的效力。平民院不再是分别向 3 位部长询问主要的国防问题,而是询问国防部部长,他负责监督他们。此外,把主要责任放在国防部部长身上,可以使负责国防力量的 3 位部长更具体地监管国防行政。他们可以基于自己了解的情况回答更多的问题。内阁责任制并不意味着责任不分,至少部长和内阁之间经常是责任共担的,但这只是政治责任。通过增加部长数量,内阁分的责任越多,责任制越有效。当然,每设立一个新部门,都会增加协调的问题。

二、内阁

内阁通常拥有最后发言权。和平时期,绝大多数议事项目都来自各部。日常的政府事务中,需要面对遇到的政治问题,考虑新项目,可能需要制定新的法律等。每个部门在各自负责的社会经济生活领域都有对应的改革项目,一旦资金到位,议会通过,便立刻上马。即便没有“冷战”,也得考虑外交问题。在共和国广袤的土地上,有很多问题需要立即解决。不经内阁批准,不得修改或启动任何重要的政策。如果需要花太多的钱,财政部必须事先获得内阁批准。如果需要立法,必须由内阁决定。任何情况下,相关部长必须考虑他是否能独自承担责任。如果他有疑虑,应征求首相意见。

如果两个或更多部门之间,因为在相互影响的事务上出现分歧,内阁是上诉机构。行政事务并不能泾渭分明地划分为30个部分,部门之间不可能不出现纠纷。事实上,几乎所有的重要问题都具有跨部门性。诸如财政问题,即便不影响其他部门,它们也会很关心。在跨部门问题上,各部门间应争取达成协议。

如果协议不成，首相作为裁判者或协调者。不得已时，必须上诉到内阁。但是，事实上，许多跨部门问题最后都是依靠内阁命令来解决。

部长也会提出与自己部门无关的问题。没有禁止部长这样做。尽管这样的例子不多，但时常出现。约瑟夫·张伯伦对大多数事情都有看法。担任贸易委员会主席时，他并不认为自己不可以和帕内尔（Parnell）讨论地方自治。做殖民大臣时，他也不认为自己与社会改革毫无关系。任何部长都可能对外交政策拥有自己的看法。总而言之，首相负责从整体上监督政府政策。他不能再效仿皮尔的做法，和每个部门的工作保持联系，但他至少要监督部长们不能违反部门政策。

然而，这类性质的问题通常通过政治制度逻辑强加给内阁。这类问题通常出现在上次大选的政党纲领中，或由平民院提出，或因为外国力量的出现，也可能是国内民意的力量，促使这些问题变得迫切。外交事务每周一次作为议事日程上的优先事项。外交部的电报每天传送。一旦出现紧急问题，内阁肯定予以处理。此外，平民院向内阁提出的任何问题，都足以令其大惊小怪。内阁可能希望沉睡的贵族保持沉默，但如果议会少数议员坚持讨论贵族院改革问题，内阁必须决定是有所行动或是置若罔闻。殖民部可能对其非洲政策非常满意,但反对党可能一直将这个问题摆在内阁议程上。这就又遇到需要不断强调的政府与民意之间的密切关系。民意能够推动议会,而议会能推动首相。首相决定内阁议程,但在很大程度上,外部力量左右了首相的决定。此外,内阁主要考虑的是如何继续执政,因此,其决定必然要与民意同步。

通常情况下,在议会开会期间,内阁每周开两次会,每次两个小时。议会休会期间,内阁开会频次会更低。这跟安妮女王时期差不多,已足以完成内阁事务。原因有多种。根据普遍趋势,更多决定由各部作出。对于非优先考虑事项,内阁不愿涉及。此外,还有更好的工作机构。1919 年恢复完整内阁,开始设秘书处,根据首相指示设定议程,承担各部不承担的文件传递工作。内阁通常坚持要有一个拟决文件,可以事先考虑,以便迅速作出决定。此外,在相关部门充分讨论之前,不会提交内阁议决。换句话说,各相关部门或部长进行跨部门讨论,除非在内阁外无法达成协议,才送交内阁进行讨论。到目前为止,首相的地位已经提高到,经与部长们协商可以对重要性还未达到送交内阁的问题作出决定。最后,内阁经常使用委员会,既达成实质性的决议,也监督各部详细落实内阁作出的原则性决定。

部长们的压力不是因为内阁讨论耗时复杂，而是因为他们必须要处理无数的部门问题、大量委员会的会议、议会和政党组织日益增加的需求，更重要的是，内阁作出的决定必须具有多样性和重要性，而不是数量。当一个问题呈送到内阁时，已经被压缩成基本原则性的问题。内阁接收到的文件既不长、也不多，特别是如果不考虑外交部电报的话，因为这些电报只是提供信息，不需要作出决定。尽管如此，需要作出决定的问题都是诸如柏林的地位、通货膨胀的控制、运输组织、马来西亚的保卫、非洲的宪法变革、共同支付退休金的方案等，这些都非易事。政治家的生活并不幸福。他必须对大量最根本的政治社会问题作出决定。这些问题很重要，才会递交给他，但又没有足够的信息以供参考。他必须依赖各部部长和首相，而这些人反而要依赖他们的顾问。因此，不是工作，而是操心，侵蚀了内阁部长的容颜。

从这些工作的性质中可以看出，部长应当拥有的能力。他们显然要具备宽广的视野、迅速捕获问题点的能力，并能及时作出决定。不管是在各部，还是在内阁，这些能力对于有效决策来说都很重要。这种能力通常被称为“决断”，是一种难以捉摸但又很好理解的能力。并非所有部长都拥有这种能力，通常是一些非著名部长拥有这种能力，因此，总会有一些内阁成员，受历任首相重视，但平民院却很少知道他们的能力。过去60年来，最著名的部长中拥有这种能力的是巴尔弗、坎贝尔·班纳曼、霍尔丹、鲍德温以及艾德礼。但是，还需要重申，有时非著名部长拥有这种能力。

至少同样重要的是，一位部长应该有能力选择并信任能干的助手，不管是大臣还是公务员。对人的判断并不必然伴随对具体事情的判断。上文提到的政治家中只有巴尔弗和艾德礼在这两个方面都有突出表现。约瑟夫·张伯伦和劳合·乔治拥有对人的鉴别力，但对事情的判断略逊一筹。事实上，对事情的判断能力通常伴随主动性和想象力。这并不必然是一个缺陷。和平时期，对于首相来说，这可能是优势。日常的行政事务中，不会遇到什么严重的问题，好的管理者需要具备合理的常识，而非丰富的想象。一位富有想象力的部长可能是一位反复无常的部长，像劳合·乔治和两位丘吉尔。格莱斯顿并不完全是反复无常，但他走得太快，他的同事和公众跟不上，就连1886年和1893年的临终大喘息都没能剥夺他的先发制人。皮尔是首相中的典范，没有丝毫的想象力。约瑟夫·张伯伦也没有太多想象力，但他有使不完的能量，这造成了更多的困难，他所有的能力都无法补偿。迪斯雷利的想象力除了用在外交和帝国政策上之外，幸好都用在了做梦上，没有造成太多战争，否则会酿成一场大战。另外，战争时期，想象力和主动性是必要的。这种时候，索尔兹伯里、阿斯奎斯、内维尔·张伯伦都应该退休，除非他们能够向迪斯雷利、约瑟夫·张伯伦、劳合·乔治和温斯顿·丘吉尔传递有效的作战行动。

"决断"通常能让一个人成为好的委员会成员，是委员会委员的必备能力。但是，有说服力的委员会成员有时也缺乏决断力。伯肯黑德(Birkenhead)有点反复无常，但是一位非常优秀的委员会委员。基齐纳(Kitchener)不仅是一位糟糕的管理者，还是一个很差的委员会成员，因为他既没有自己的意见，也不回答别人提出的问题。另外，巴尔弗则极其出色。

最后，必须要注意，部长们不仅是行政管理者，还是政治家。他们必须在平民院里令人心悦诚服，在全国要有说服力。这两种能力通常是相伴而生，但有时也会有所不同。格莱斯顿在议会和公开演讲都很出色，但迪斯雷利更擅长在议会的室内演讲。约瑟夫·张伯伦以截然不同的方式展示了一位优秀辩手和出色演讲家的风采。但是，有一些工党政治家败在平民院里，因为他们高超的公共演讲技巧很不适合于议会。大约在1929年之前，拉姆齐·麦克唐纳都是一流的政治演说家，但他在议会里并不成功。两个场合的氛围不同。议会演讲中经常会有打断，还要求回答问题，而不是吸引大批观众。皮尔并不是一位好的演说家，但在议会里却非常成功。甚至迪斯雷利也承认这一点。当前时代，我们还不能忘记广播和电视的影响。政党必须要花大力气把政党领袖打造成“电视工作者”，否则，他们会因为自己的言谈举止丢掉选票。

但是，首相的位置很特别，今后会被认为更特别。我们现在需要回答的问题是，这个国家是否拥有所需要的内阁部长。除了少数一些贵族，主要的考虑是，他们都来自平民院占多数席位的党派。因此，部长们的能力取决于多数席位的能力。前文已经提到这方面的难题。虽然平民院议员的智商和能力比一般国家议员的水平要高，但比不上公共服务中行政层级的智商和能力，也比不上顶级的专业人士，甚至比不上最能干的商人——尽管这一点有些可疑。政治追求的奖赏——权力和声望是巨大的，吸引了全国最优秀的人，但是，除了少数“选择自己”担任部长之外，几乎所有议员都会同样出色，也同样糟糕。这基本上总是事实。

此外，选择取决于首相。当然，选择内阁成员组成一个团队进行工作，还要选择一些年轻部长，能够和政治继任者一道合作，这属于首相的职责。伦道夫·丘吉尔、哈考特（Harcourts）和约瑟夫·张伯伦通常必须是任命的，但他们以及其他一些尽管没有这么能干但属于同类的人，对内阁的统一和效率来说都是很大的麻烦。一个弱首相，或是对个人品质缺乏理解的首相，可能会把批评误以为野心或缺乏团队精神。拉姆齐·麦克唐纳既弱又不懂人，所以，他打造的团队就很差。如果没有那么多的工党议员出于党派利益对任命工作施加压力，他们会更差。一旦不存在这种障碍，这种首相就会选择那些呆呆的"应声虫"。政治偏好的选择经常最容易出现在党性正统的领域。

这种情况更危险，因为通常来说，部长们都是从初级官员升到内阁。因为对部长而言，平民院一般是一位好的判断者。一个人做政务次官做得好，通常也应该信赖其是一位好的内阁部长。这是值得期待的，也应当如此。但是，如果年轻部长们作为议员，总是随大流投票，除了阿谀奉承从未开过口，他们之所以能被提拔是因为他们多年来就像议会私人秘书一样谨慎客气地传递信息，那么，更能干但不愿妥协的议员就不会有机会得到锻炼，进入内阁。不能夸大这种难题。普通的新闻读者知道一些议员的名字，但有一半政务次官的名字从未听说过，遇到这种情况不必感到惊奇。常在媒体上露脸的人、冒充内行的骗子、夸夸其谈者以及有想法的君子,如果不在议会,可能就在社会上赢得声名。他们提供“新闻”,因为他们就是新闻制造者,他们还经常吵吵闹闹,因为他们要在报纸上露脸。即便这样,每一届内阁里总有一些部长对除自己以外的其他人能爬得这么高感到惊奇。不是说他们是很糟糕的部长,只是说他们极其普通。

绝不要忘记,首相不再是一个兢兢业业的议会聆听者。他们有太多的事可做。格莱斯顿时代的传统是首相应该总是在议会里。这种传统现在已经逐渐消失了。在有些地方,首相必须要依赖党鞭,党鞭就像议员们一样,听到指示就发言,得到命令就投票。在其他领域,他能够了解那些在社会上有盛名或有关系的人。奥斯丁·张伯伦因为能力问题没有走好第一步,事实证明这很重要,但因为他是约瑟夫的儿子。此外,还有很多臭名昭著的例子。

这个问题可能不像想象的那样精确,毕竟多数人的标准通常是很高的,能够产生出少数领袖,产生的其他部长也都具备一般的能力。约瑟夫·张伯伦投身于行政,但选择甲而不选择乙,通常不会有很大的区别。此外,前文已经提到,平民院是一位很好的判断者,能够甄别部长。只有小聪明不可能成功,只会夸夸其谈也不行。把格莱斯顿推向前台的,不是他滔滔不绝的演说,而是他显然抓住了贸易和财政的问题。不是所有的社会声望，也不是所有的宣传艺术，都能够说服议会相信一个明显的傻子能够分辨是非。一位首相必须要选择真正有能力的人，游说团里的抱怨和议会里的批评都能防止他专注于个人的偏好。

三、首相

首相在英国宪法中居主要位置。近年的发展几乎都倾向于增加首相的权力。选举权的扩大，格莱斯顿和迪斯雷利加在这个职位上的声望，赋予首相几乎堪比美国总统的地位。大选实际上就是选举首相。选民是在格莱斯顿和迪斯雷利，索尔兹伯里（Salisbury）和罗斯伯里，巴尔弗和坎贝尔·贝尔曼，阿斯奎斯和巴尔弗，鲍德温和麦克唐纳，丘吉尔和艾德礼，霍姆和威尔逊之间进行选择。一个政党如果没有一位领袖，就没有希望了。政党的领袖较弱，其地位也会较弱。事实上，在保守党中，领袖就是政党，他领导全党，掌控党产。

因此，政党领袖获得的支持就是对政党的支持，而对政党的支持都集中在领袖身上。议会里的多数派就是一个占多数席位的政党。但这个政党拥护其领袖，将议会里的多数席位说成是领袖的多数席位。通常将领袖在内阁中的地位称为同事中的首席，但这种描述现在远不符合事实。他选择内阁成员，决定谁能入阁。事实上，他的某些亲信会毛遂自荐，但通常他会对有些人视而不见。虽然麦克唐纳挡不住亨德森(Henderson)，但张伯伦(Chamberlain)能够挡住丘吉尔和艾莫里(Amery)。如果首相认为合适，他可以让部长辞职。他能随意洗牌。他能独自决定是否以及何时解散议会。很难将他驱逐出去。多数党必须团结一致，否则，就可能让反对党执政。有些部长可能辞职，但他们不可能奢望分裂多数党，他们只能多多少少给些友善的建议，作为与所属政党政策较不密切的议员，会提出独立的批评。政党如果有领袖，通常必须容忍他。如果是保守党执政，则由国王而非保守党选择政党领袖。

事实上，首相不可能像皮尔那样监督各部事务。政府职能非常广泛。即便如此，他仍然对整个政府政策负有特殊责任。尽管工党一直批评首相权力日益膨胀，但它更是比其他政府扩大了首相权力。当它处在反对党位置时，它总是集中批评首相，结果是，保守党首相自认为自己很重要，并且，总能找到继承这种想法的人。

内阁必然是首相自由组织,其他部长都允许他组阁。首相的权力很大,但他必须确保同事间的合作。索尔兹伯里和巴尔弗尽管渴望,但都未能阻止公众的关注点落到约瑟夫·张伯伦身上。一方面,虽然格莱斯顿站在灯光之后,却不能占据舞台中央。罗斯伯里政府沦为摆设,因为首相太弱,无法控制哈考特。另一方面,坎贝尔·贝尔曼在长期独自抗议中增加了自己的力量,直到1905年就任首相时,他已能够掌控强大的队伍。鲍德温允许部长们离群,而艾德礼则让部长们受制于他。丘吉尔和麦克米伦认为部长们都是牺牲品。

首相确实需要具备多方面甚至是前后矛盾的品质。一方面,首相作为政党领袖,必须具有很强的个性,能够主导政局,并促使多疑的选民产生信任。当格莱斯顿还活着但不是自由党领袖(如1880年)时,国家面临的问题不是是否需要一个自由党政府,而是他是否应当做首相。除了丘吉尔在1945年担任首相之外,他的继任者中没有人赢得这个位置,尽管劳合·乔治在1918年接近于首相之位。另一方面,内阁需要的不是一位主导型的人,而是一位好的主席。格莱斯顿不是一位好的主席,因为他试图代替整个委员会。他总是有自己的政策,因此,他倾向于关注政府的某些方面,而不是管理整个政府。丘吉尔也是这样,他有很多很好的想法，甚至在内阁里也喜欢就这些想法发表演讲。战争期间，他能够专注于战争，内阁也给这位老前辈面子，但在和平时期，就不容易集中力量。1951～1955年，保守党政府取得的一切功绩都不是依赖首相。事实上，和平时期，首相不应当有自己的政策。如果他有能干的部长，他应该依靠部长。政策应该来自部门首长，他们可以得到所在部门的协助，而所在部门拥有相关的知识和经验。劳合·乔治的品质使其在战争期间成为一位伟大的首相，却使其在和平时期成为糟糕的首相，当时外交部的柯曾（Curzon）“基本上成了副部长”。索尔兹伯里如果不是也要当外交部长，他应该会是一位更好的首相，说不定还不会发生英布战争。有人认为，1945年丘吉尔作为伟大的战争领袖，得到选民们的欢呼和认可，同时，选民又把他赶下了台。艾德礼是一位非常好的和平时期首相，因为他知道他的工作就是说服那些难以驾驭的同僚达成一致决定，并予以贯彻。

最好的主席事实上是最不受民众欢迎的领袖。奥斯汀·张伯伦勋爵曾在5任首相手下干过，从巴尔弗到麦克唐纳。他曾经告诉过我，这5任首相中最好的是巴尔弗，也有其他证据证明这一点。巴尔弗的名声受到损害，是因为他面临过棘手的问题，当时约瑟夫·张伯伦在内阁中鼓吹关税改革。1903年张伯伦辞职后,这就不可能实现了。此外,他作为政府首相,将绝大多数人从显然要终结的英布战争中解放出来。即使关税改革者不去推翻这届政府,它也会在 1905 年遭遇惨败。奥斯汀・张伯伦勋爵的意思是,巴尔弗能够推动对原则问题的讨论,并根据讨论得出结论。他在这方面很出色。巴尔弗和格莱斯顿的区别是,一个在团队相互争执的情况下还能保持团队艰难前行,而另一个是扔下团队,独自拉车前行。

首相的安抚和鼓励作用不限于内阁。部长需要有经验的政治顾问,需要时他可以咨询。巴尔弗善于倾听、思考和建议。鲍德温善于倾听,但通常让部长自己决定。麦克唐纳不善于倾听,也不能给出建议。劳合・乔治则要包揽一切谈话。此外,如果首相要维持局面,恰当行使内阁职能,引导讨论,达成决议,他就不仅要做好提供咨询的准备,还要能够采取主动。麦克唐纳认识到需要让他知情,但大多数同僚他都不喜欢,他和有些部长根本就谈不来。因此,他干脆就无休止地读文件。作为首相,他完全了解情况,但首相和同僚之间缺乏信任,无法作出有效决议。然而,和平时期的所有首相可能都面临着工作上的孤独感。他们仍然会说部长是他们的政治"盟友",但他们的阁下朋友并不真正是他们的朋友,而是他们的下属,所有的下属都只关心他们的政治前途。虽然琼斯具备政治判断力，而罗宾逊缺乏常识，但我们绝不能只顾及琼斯，而忽略罗宾逊。当罗宾逊提出建议时，他期望他的建议能被采纳。整体上来说，如果两个都能分开并予以保留，肯定是更好，且不偏不倚，但在当时，有一个只能“像一朵云，在山丘和谷地上飘荡，孤独地漫游”。

战争时期的首相位置与平时相比截然不同，因为当时的作战政策（尽管这也呈现为多个方面）主导了整个政治形势。因此，渴望有一位拥有明确决定的首相，或是通过商讨，能够形成明确决定的首相。所以，这时的首相要具有强人特性，能够迅速有效地采取行动。他不再仅仅是一位主席或协调者，而是成为整个战争机器的领袖。换句话说，他不再是一位控股公司的董事长，而是一家规模更大的自营公司总经理。因此，首相需要具备的特性显然不同。皮特即便是处理 18 世纪所谓的“战争”也不是特别成功。皮尔很可能也会失败，尽管他是一位很强大的管理者，但他吸收一种新思想需要花费数年。如果有下属关注细节，格莱斯顿会是一位伟大的战争部长，迪斯雷利甚至更伟大。坎贝尔·贝尔曼和巴尔弗不是很有效，而约瑟夫·张伯伦则会非常出色。阿斯奎斯即便在儿子去世之前也比较弱，但劳合·乔治则很成功，丘吉尔在很多方面都很伟大。

四、协作

皮尔1841年内阁有14位部长,但有5位不承担任何重要的部门职责。内阁之外有5位部长级大臣,但只有爱尔兰首席大臣、邮政大臣以及可能还有财税专员承担有实质性的部门职责。因此,首相和内阁最多也就需要协调12个部门的活动。此外,各个部门的事情比现在都要少很多。还需要注意的是,虽然爱尔兰在政府的管辖范围,但在其他方面,政府的管辖范围要小得多。当时没有联合王国,也几乎没有民族主义国家。虽然有殖民地,但没有共和国。并且,军队由皇家骑兵卫队掌管,国防大臣属于内阁成员,其职责主要是财政。直到1895年,政府才完全掌控军队。总之,除了济贫法之外,政府不承担什么社会服务职能。由于各部的工作很少,部长可以决定部内的大部分问题。由于政府职能很少,内阁能够决定所有的重要问题。

20世纪30年代,内阁规模逐渐增长,有22名或23名成员。由于规模太大,特别是战争时期,难以进行有效的管理,丘吉尔通过设置“内阁大臣序列”来控制战时内阁的规模。这些人不属于内阁成员，而是隶属于枢密院，享受内阁大臣的待遇，但只有涉及他们部门的事务时，才能参加内阁会议。丘吉尔的继任者遵循了这种制度，把内阁控制在 17 人或 18 人。威尔逊在 1964 年尽管把 7 位部长级大臣排除出内阁，但内阁成员还是恢复到了 23 人。当然，这里有很深的政治原因。曾经长达 13 年时间，工党在反对党的位置上顽强而又勇敢地抗争，这比 1832 年《改革法案》通过以来任何政党承受的时间都要长。政治有必要吸纳一些新面孔，但也必须回报老战士。

每位首相都会略微改变安排，一方面要迎合政党政策的需要，另一方面要满足个人掌管的人事。但是，有 30 个部门是直接由部长级大臣掌管，其中，财政部有两位内阁大臣——首相和财政大臣，还至少有一位不属于内阁成员的内阁级大臣。还有一些半自治组织，譬如，国内税务局、发展委员会、殖民地发展公司，大臣只负责权力范围内的事情。

政府职能并不是恰好分成 30 个部分。一个部门的事情可能需要许多部门的合作，这样的例子有很多。1940 年军队登陆挪威和从敦刻尔克撤退都需要海军部、陆军部和航空部的密切合作，还需要财政部提供资金，航运部提供船只，运输部提供大不列颠内的运送，补给部提供设备，粮食部提供食物。不仅在作出决定及其之后需要这种合作,而且在此之前很久就需要部门间的通力合作。战争之前,没有人考虑过英国军队会登陆挪威,但在准备战争时,必须考虑到远征军可能不得不在敌人的眼皮底下登陆某个地方,并因此提出概括性的计划。

另一个例子是战后的住房问题。这首先是卫生部(现在的住房和地方政府部)的职责,但还涉及许多其他部门。一座房子的选址是城乡规划部的职责,而如何抵达这座房子属于交通运输部的职责。劳动力的供应取决于劳工部的政策,原材料的供应取决于补给部。在某些情况下,至少房屋建设归建筑工程部,而天然气与电则归燃料动力部。上述所有事情完成后,会要求教育部设立学校,邮政部设立邮局,粮食部设立粮食办公室,劳工部设立就业市场。最重要的是,财政部要能筹集到资金。如果再加上地方政府、地方天然气委员会、电力局、国家济贫局以及其他所有相关部门,合作的问题就变得尤为明显。当有人建议设立住房部时,回答说这将成为车子的第五轮。实际上,它成了蜈蚣的又一条腿。

合作是一个富有魔力的词,每个人都喜欢挂在嘴边,但很少有人不厌其烦地来界定。譬如,1940 年一次有关经济合作的争论中,政府的批评者正在考虑问题的不同方面,张伯伦认为,当他指出他们问的是不同问题时,他就是在回答他们的问题,而事实上他仅仅是表明在许多不同的管理层面都缺乏合作。合作机制旨在实现不同的职能,尽管这些职能紧密相联,但最好还是各自分清。

1. 权力重叠

理论上,每个部门负责不同的事情。两个部门不应当在同一个问题上给出相反的指示,也没必要让一个人为了做一件事需要取得两位部长的许可。实践中,很难精确地区分不同的权力。譬如,住房和地方政府部负责规划,但规划又涉及道路规划,运输部负责道路建设。还有,农业部负责公共用地,但如果公共用地是游乐场,就由教育部负责;如果是信托财产,则归慈善事务署。

这些例子中涉及的远远不只是权力重叠问题,但它说明首先必须要严格界定权力。理论上,这种问题并不难。和平时期,权力来自立法的授予,且得到内阁同意。因此,内阁应该会预防权力的重叠。但是,战争时期,权力源自授权立法。1939～1945年,战时委员会就发出成百上千的指令。它们可能都会送交内阁,但不可能让每一个成员把这些指令都读一遍,以判断这些权力是否精确。

2. 越权

即便各项权力都是明确的，不存在重叠，也只能用抽象语言来表述，然后由各部门自己去解释。有的部门可能会说，“根据 A 条款，我们有权阻止做这种事”。但是，“这种事”有可能触及另一个部门，并且，已经得到另一个部门的许可。如果他们愿意，他们也会说，根据 B 条款，他们有权这样做。两个法律条款可能在表述上是非常明确的，但仍然能被解释为：针对同一件事，赋予一个部门许可权，赋予另一个部门禁止权。小麦生产原先归农业部管，面粉生产则归粮食部管。这就很容易理解两部门之间的权力混乱问题。

如果有人认为合适，“这种事”也可能诉至法院，由法院判定此前部门禁令的合法性。但没有人愿意告一个政府部门。事实上，只有非常富有的公司遭遇这种险境时，才会冒险从高等法院打到上诉法院，可能还会上诉到贵族院。不管怎样，在需求消失之前，这些令人敬畏的法院不可能完成他们的审议。

3. 折叠

上述几段的例子可能都是恰当实施了相当不同的权力。一个部门给予许可，因为是它的职权，且无反对理由。另一个部门可能拒绝，因为是它的职权，且有反对理由。原因在于某个问题可能需要从两方面予以考虑。“这种事”适用于两个部门。譬如，琼斯想要在一条主干道旁建一座房子，他必须要向市政委员会和区域委员会申请许可。如果两家委员会都拒绝了，他需要把两家委员会上诉到运输部和住房与地方政府部。前者可能批准了他的诉求，因为从道路安全的角度来看，没有反对的理由。后者可能会拒绝他的诉求，因为这座房子可能不美观，或破坏了沿途的景观，或需要延长多余的水管和下水道。“带状发展”* 不只是道路安全的问题，还是地方服务是否合算的问题。因此，这涉及两个部门。

这种不可避免的折叠例子很多。譬如，教育部负责学龄在校孩子的健康，因为空腹意味着头脑空洞、视力减弱或坏牙，这都会带来教育质量下降。但是，在校学生也是普通人口的一部分，他们的健康属于卫生部负责。此外，孩子们可能会营养不良，因为他们的父亲长期失业，整个家庭都必然依赖社会保障部的生活补贴。

然而，这里的问题是，同一个人为了做某一件事，因为这件

---

* “带状发展”(Ribbon development)是指沿着交通线建房子定居。20 世纪 20 年代，这种情况在英国引发极大关注，30 年代开始蔓延到其他许多国家。最初带状建设主要是沿着公路，随着工业革命的发展，变成沿着铁路线的建设。——译者注

事有两方面,则需要向两个部门提出申请。如果只需要提出一份申请,让两个部门去解决各自领域的问题,就会更简单、便宜和高效。譬如,没必要让不同部门的两个审查员都去审查带状发展的申请,因此涉及不同部门律师的两份意见、两套成本、支付两份薪水和房租等。

这种重叠对政府部门之外的人来说是非常明显的,但还有一些情况就不是这么明显。譬如,外交部需要海外民意的信息。战争期间,为了这个需求,驻外代表会把报纸意见摘要用电报发回来。有一个部门,即皇家国际事务协会(皇家国际事务研究所),负责概述报纸意见。对外交部来说,防止重复工作,这是内部问题。但是,情报部如果要成功开展工作,也需要中立国的民意信息。一个皇家国际事务研究所为外交部工作,另一个为情报部工作,肯定是浪费。

4. 竞争

不同部门还是各种商品的大型买家。除征收之外,他们在公开市场上竞争。这可能意味着它们要相互竞争。譬如,陆军部、海军部、空军部、邮局、劳动部、运输部以及许多其他部门都需要摩托车。3 个国防部门需要机枪、子弹、食物、燃料、营房等。政府部门之间相互竞价既浪费又荒谬。此外,这还不仅是防止竞争的问题。譬如，如果皇家海军陆战队和陆军使用不同的步枪，成本就增高了，因为制造商必须要采用不同的设计才能满足他们的步枪要求，以及相关零部件和子弹。为某个部门准备的存货，另一个部门就不能用。

除了对商品的竞争，还有对人力的竞争。不仅是国防部门之间有竞争，国防部门和其他部门之间也会有竞争。1914～1918年组织方面最薄弱的问题是，陆军需要技术人员奔赴前线或服劳役，而国内也急需熟练的技术人员。

5. 不一致原则的适用

通常认为，“政策”是内阁的事务。但是，已有人指出，每个层级的行政管理都有政策。内阁用非常概括的术语决定政策。譬如，内阁决定建两艘新的护卫舰，跟财政部和国防部协商，预算定为2000万英镑。但是，如果财政部和国防部同意1950万英镑或2050万英镑，内阁会很爽快地答应。除非两部门间有分歧，否则，50万英镑的差距不应当是内阁考虑的问题。只要部门间达成一致，内阁会认为，涉及50万英镑的政策属于部门间的问题。国防部获得内阁批准的2000万英镑之后，就要制定详细的实施计划（事实上纲要性的内容都已经很清晰了，为了做预算，必然要有一个粗略的计划）。如果国防部决定建造一艘护卫舰用 1050 万英镑,另一艘用 950 万英镑,财政部不可能反对。这纯粹是部门内的问题。此外,提供武器装备是海军部的事,但在权限范围之内,第四海军军务大臣有很大的裁量权。而且,第四海军军务大臣批准了合同条款之后,他的下级军官还有很大的裁量空间。

事实是,只要有裁量空间,就会有政策。如果没有政策,也应该制定相应的政策,因为只有根据一些一致的原则才能作决定。公共服务中自由裁量权的行使至少会到助理部长一级,并且经常还会涉及更低级别的官员。但是,不同部门在处理同质性问题时,行使自由裁量权所适用的原则可能会有冲突。这在经济领域特别明显。因为整个国家的经济是一个整体,事实上,不过是世界经济的一部分。譬如,和西班牙贸易协议的具体规定会涉及财政部、贸易部、农业部、运输部,可能还有外交部。

6. 重大政策

政策的重要原则由内阁决定。这里好像只是协调,不需要进一步讨论问题。但是,恰恰是在这最根本、最重要的阶段,协调往往是最弱的。上文已经表明这种协调的必要性,然而,即便是内阁大臣也没有意识到,他们之间的协调通常是最弱的。仔细分析张伯伦 1940 年关于经济协调的演讲,就会发现,他考虑的是部门间的分歧。他长篇大论地描述了许多手段，都是用来解决这种问题。他没有回应反对党的批评。因为反对党考虑什么是重要政策，而张伯伦对协调的认识局限于部门间的仲裁，反对党的协调观是如何形成由若干部门执行的经济政策。用《经济学人》概括的话来说，批评者指出，“政府在价格、工资、劳工动员、出口或金融等方面没有明确的政策”。[2] 或者换句话说，这些都交由各部门决定，没有一种高于各部门的内阁政策。

提交到内阁的重要政策建议来自两个渠道。第一，可能是内阁大臣自己提出来的，可以说，这就是部长自己的想法。内阁大臣既是忙碌的管理者，又是活跃的政治家。相对于表达自己的想法来说，他们更善于对他人的想法作出合乎情理的决定。尽管如此，许多想法即便最初不是源自内阁大臣的想法，也都经过他们的头脑。关于正在落实的政策，媒体上有很多批评，但更多是来自议会里的批评。批评都带着建议。这些建议通常是无效的，偶尔会产生好的效果。最富有成效的观点很多来自专业期刊或民意杂志的讨论。公务员和议员都会读这些文章，从中寻找发言的素材，其他记者也会读这些文章，从中寻找写作的素

[2] Vol. 138, p. 133.

材。甚至内阁大臣也会读这些文章。最后的过程是很缓慢的，但是，如果是一个好的想法，通常会有效果，因为能制造“民意”。

然而，事实上，没有多少想法通过这种途径成为政策。正如所有重大政策——诸如，选举改革、废除谷物法、地方自治，甚或是联合国——出台的历史所表明的，这是一个漫长且耗费精力的过程。当然，有些想法也可能源自各部之外。这便是第二个渠道。公务员都是很忙的人，但他们了解情况，不仅是从官方文件中获取信息，还会从书籍和期刊中获取信息。因此，当一个问题需要解决，解决方案可能混合了不同渠道的想法，既有官方的，也有非官方的。1940 年之前，部门等级严格，某个问题形成文件，在部门内上上下下传递，直到部长或他的重要官员着手与另一部门磋商，这样就产生了另一份文件，在另一个部门上上下下传递，直到后一位部长着手与前一位部长磋商。但是，自 1940 年开始，这种等级被打破了。现在，公务员可以毫不犹豫地拿起电话，通过非正式讨论或有一个非正式委员会，直接和另一个部门“对应的人”进行磋商。非正式委员会是特别有效的途径，因为相关官员可以坐到一起，汇聚他们的想法。譬如，阿卡迪亚是英国的一个基地，如果那里的政治家要求自治，殖民部就不能独自处理这个问题，因为它肯定会涉及外交部、财政部、皇家海军、陆军和航空部（涉及机场和民用航线）、邮局（涉及电传）。殖民部负责阿卡迪亚的助理部长就成为一个委员会的核心，具体事务的负责人和负责人助理都在他的带领下工作。他还可以扩大这个委员会，把其他部门对应的官员或其中的某些官员拉进来。就讨论的问题而言，对应官员加入只是确保提出的解决方案不令人反感，或是加入一些限制性条款，以解决他们的困难。最后，助理部长会有一个拟定的解决方案，他已经“明白”了所有相关部门的意见，然后，就可以把拟定的解决方案提交殖民部，由部长着手将问题提交内阁。

第二，如果助理部长无法与其他部门达成一致，就得把问题上交高层解决，可能通过部长间的讨论，甚或是通过内阁委员会。根据战前的等级制，一项提案在没有“明白”其他部门意见的情况下，完全可能提交到内阁。这会在高层引发许多堵塞，因为部长在收到内阁的议事日程时，才知道这项提议。因此，自1931年开始，内阁要求，议题在提议部门、财政部和其他相关部门之间进行充分审查之前，不得在内阁传递。换句话说，提案在提交内阁之前，必须让其他部门，特别是财政部“明白”。只有无法做到各部门都“明白”时，内阁委员会才来处理。用了十余年,各部门才意识到,这意味着让尽可能低的层级,即助理部长“明白”。现在需要花费更多时间以具体方式形成提案,因为不得不咨询这么多的官员。但在内阁层面就少了很多阻塞,部长们也不再烦恼于委员会上堆积的工作。他们在部门内有更多的事去做,但他们也有更多的时间去做。此外,当需要在部门层面进行协调时,国务大臣或政务次官通常可以担任主管部门部长的代表。

五、协调机制

协调问题并不总是需要一种特殊的解决机制。最重要的方法完全是非正式的,依赖于部门间日常通过电话、个人会谈和通信形成的合作。对于财政部来说,尤其如此,它跟其他部门之间的关系必然紧密。部里的常务秘书由首相任命,首相根据常务秘书的建议掌管财政部。常务秘书虽然是部门官员,但他还是财政部的“守门员”,负责所有开支的“会计”工作。他会告诫涉及开支项目的官员,在某些阶段必须要咨询财政部,并且越早越好。因此,在所有正式提交之前,确保与财政部有长时间的密切接触，以获得“尊敬阁下”的同意。但是，非正式合作只是一个日常发生的例子。如果非正式磋商可能耗时过长，或是发生分歧，最简单的程序是任命一个临时的跨部门委员会，解决涉及的原则问题和部门权限。这些方法假定，从一开始，某个部门就意识到其他部门可能会受到影响。事实上，并不必然如此。因为官员按着自己的程序，在走到头之前，可能不会意识到他将会触及一个结合点。如果他突然停下来，可能会发生分歧和迟延。因此，官员们经常还会在其他部门担任联络官，以便注意与自己所在部门有关的事务。

其他情况下，有必要设立一个更正式的组织。偶尔会有一位官员供职在两个部门，通常是技术官员担任顾问。殖民部和联邦关系办公室先前共用行政和文书服务。偶尔会设立联合部门，诸如战前的海外贸易部，战后的技术合作部。有时，没有实质部门职责的大臣，诸如掌玺大臣、兰开斯特公国大臣、财政部主计大臣会被邀请在一系列职能中协调政府政策。这些机制通常是短暂的。实际上，1945 年以来，英国行政体制最显著的特点是流动性。自艾德礼首相开始，每个首相都要做一些试验，通常他们都不关心成功与否，因此，在较低层级，不断出现重组过程，甚至经常都没有向平民院报告。

只是最近才意识到需要在内阁层面进行协调,因为内阁和首相应当协调高层政策。在很大程度上,他们确实这样做了。但是,必须要知道,首相或内阁很少提议某项政策。首相是个大忙人,没有时间进行原创思考。实际上,有人认为,在平时,除了担任政党领袖的能力外,一位好的首相就是一位好的委员会主席。他应当是,通常也确实是,一位出色的裁判员。他能够解决,并且也应当解决部门间争执不休的分歧。不仅是在大臣们发生分歧时,他应当出现,而且当形势变得“极不愉快”时,他应当有足够的能力带领各部门向前走。当意见分歧导致执行受阻时,他应当能够介入,重新划分职责范围,在不出现原则问题或要求立法的情况下,推进工作。如果出现人事纠纷妨碍了合作的有效开展,他就更换或撤掉大臣。这里的一个例外情况是,没有制度能让他制定政策,尽管有时他能针对问题提出富有成效的建议,但他不可能了解足够的信息,以至于可以凌驾于一个部门,除非其他一些部门支持他。换句话说,虽然在部门分歧中,他应该是最能干的裁判者,但在整体上规划政府政策,最需要协调时,他的位置并不适合实现合作。事实确实如此,以致有些首相——如鲍德温和张伯伦——认为,要求更好地协调,就是在批评首相。鲍德温认为,负责国防协调的大臣的职责就是解决参谋长之间的分歧。张伯伦认为,负责协调经济事务的大臣会弱化他自己的地位。这两种情况下,都存在明显的误解。批评者要求的不是更好的裁决,而是更多的主动。他们不是抱怨分歧持续时间太长,每种情况下,都需要有一位能从全局把握的部长来审视这个问题,而不是交给抱有不同成见的各个部门。

从这方面来说,内阁的位置甚至更弱。内阁中,除了首相,最重要的成员都在应付各自部门行政管理中出现的棘手问题,不可能期待四五个年迈的政治家或年轻的部长带来活力和宽广的视野。

自皮尔主持由 9 位“部门”大臣和 5 位非部门大臣组成的内阁以来,这种情况发生了根本性改变。内阁的政府职能翻了十余倍。不仅是深度,还有范围都有所扩展。皮尔日夜兼程,耗时 9 天,从罗马赶到伦敦,自此之后,行政的效率也成倍提高。悠闲考虑问题的时代,一去不返。皮尔和威尔逊之间的区别就是马车与太空火箭的区别。

克里米亚战争和英布战争期间,内阁在国防领域的不足暴露无遗。陆军部(重建委员会)在 1904 年指出:

大英帝国拥有强大的海军,还在印度和殖民地拥有强大的力量。但是,缺乏有效的方式进行联合防御。不能将这些力量合为一体,充分发挥各部分的职能,一方面,根据一致的方案进行备战;另一方面,在紧急时刻,根据确凿的信息,形成明确的作战计划。

因此,1895 年设立的内阁防御委员会被重组为帝国防御委员会。

然而,这个委员会不是内阁委员会。严格来说,它只是为首相提供建议。只有首相是稳定成员。每次都由他召集内阁大臣和相关议程的官员开会。但是,实践中,财政部、外交部、内政部、联邦关系办公室、殖民部、国防部、战争部、航空部、海军部总是参加。此外,从实际考虑,参谋长和财政部常务秘书通常也被认为是稳定成员。可能更重要的是,不是临时从一个部门里抽调秘书,或从内阁办公室抽调官员,而是有一个固定的秘书处,其高级官员曾隶属于帝国参谋学院。这个秘书处关心的与其说是部门分歧,不如说是在和平时期谋划战时的应对方案。其目的是未雨绸缪,根据从 9 个或更多部门获取的信息,制定行动方案,一旦战争爆发,可以按步推进。根据行动方案,建议海军、陆军和空军应当配备的力量和设备。它可能不作任何决定,但这个委员会的建议富有影响力，肯定要送交内阁，而内阁也会给予极大的尊重。此外，一旦内阁作出决定，各部门通常会接受该委员会的观点，采取相应的行动。

供给问题肯定是该委员会所要考虑的问题之一。从提出需要供给的建议到作出避免部门竞争的建议只是其中一步。从作出武器装备的建议到各部门需要的所有供给，只是另一步。其中的一个分委员会，供给委员会或主要供给负责人委员会，逐渐形成一个委员网络，处理各部门的诸多需求——油、汽车、自行车、食物等。一旦需要，这些供给都是大批购买。通常由一个部门为其他部门代购。1935 年之后，实行重整装备项目时，发现这种制度是不合适的。鲍德温先生为应对发展缓慢的批评，任命了一位大臣，负责国防事务的协调工作。这位大臣的绝大部分时间都是在协调供给问题。即便这样，事实证明，仍不可行，因为在他的权限内，无计可施。1939 年张伯伦终于作出让步，设立了供给部，专门负责军队供给，但事实上，供给部应该负责委员会承担的大部分工作。丘吉尔设立了航空生产部，艾德礼整合了这两个部门。1959 年，取消供给部，其职能分解到航空部和战争部。

国防部门之间的协调经过了大致相同的发展演变。帝国国防委员会是为内阁提供政策建议,参谋长联席会议为国防委员会提供政策建议,并因此转换成内阁的策略。首相作为帝国国防委员会和参谋长联席会议的主席,但实际上他并不经常主持参谋长联席会议。政策执行往往交给了相应的服务部门,但通常假定首相会给予持续的密切关注。然而,并没有证据证明首相这样做了。1916～1928 年是例外,当时的帝国国防委员会成了战时内阁。在战争问题上,诸如海军航空兵部队的职责,联合国军的指挥权等,都长期悬而未决,因为内阁面对众说纷纭的专家意见,无从选择。鲍德温的国防协调部部长尽管在供给方面做了很有成效的协调工作,但在国防协调方面乏善可陈。然而,1940～1945 年,出于一切必要的目的,战争权掌握在首相手里。丘吉尔最谨慎,绝不触犯战争内阁的权力,所有政治问题都由战时内阁决定。但是,作为参谋长联席会议主席,他牢牢掌握了战略决定权。并且,为了不留任何疑问,他还担任了国防部长。

然而,1946 年之前,根本就没有国防部。设立一个这样的部门,原因有二。第一,日益意识到,和平时期,尽管国防问题很重要,但首相,特别是工党首相,根本不可能把大量时间用于这方面。因此,需要设立一位部长,即国防部部长。第二,战争史表明,统一的国防政策相当重要。参谋长联席会议实际上以首相的名义直接向战争指挥官发号施令。因此，尽管首相承担最终的国防责任，现役部根据内阁制定的一般政策，承担各自的服役管理职责。国防部长应当负责：

(1)根据国防委员会制定的战略政策，在各服务部门之间分配人力和原材料；

(2)基于共同政策解决一般的管理问题；

(3)内部服务组织管理，诸如联合作战司令部和联合情报局。

1951年之后，国防部的职责大量增多，部分是由于安东尼·艾登在1956年的安排。这时的国防委员会已经取代了1946年的帝国国防委员会，显然已经成为一个内阁委员会，接受参谋长联席会议的建议。根据1956年的改革，参谋长联席会议的权力得到加强，任命了一位现役官员担任主席。同时，国防部的协调职能也扩展到供给部（供给部被称为"第四服役部"），直到1959年废除供给部止。即便在1951年，人们已经预见到服役部门的消失，但直到1964年才实现。当时，海军部、陆军部和空军部都消失了。这三种服役还在，只是由不同的国防部部长分别负责皇家海军、陆军和空军。但他们都隶属于国防大臣。国防大臣取代了国防部长。同时，根据2097号命令，宣布：

> 考虑主要的国防政策问题时，不仅是纯粹的军事术语，而且必然与英国的外交和经济政策有关。

因此，由首相以及包括外交部长、财政大臣、英联邦关系和殖民地国务秘书、国防大臣主持的国防与海外政策委员会取代了内阁国防委员会。国防参谋长和参谋长联席会议成员以及公务员按要求都应参加。

在国内问题上，也有类似变化。城乡规划在战前主要由卫生和运输部负责，1943年转交给城乡规划部，现在又归属到住宅和地方政府部，由其取代原来的卫生部。但是，1945年决定，住房政策不再交给住宅部，因为还需要其他一些部门的合作，而且，一个新部门只是增加一项职权。社会保障计划此前由劳动部掌管，卫生部和关税及国内货物税税务局已经转成1966年设立的社会保障部，中间还经过了现在已经不存在的国民保险部。社会保障部还负责之前所谓的对那些没有失业保险或养老金的无业人员提供国家救助。

是否能以同样的方式处理经济问题是一个很重要的问题。国防战备相对来说是一个简单的问题，尽管战争一旦爆发，全民都当卷入其中，但在和平时期，只需要高度专业的人员参与。从另一方面来说，经济规划则需要全民的积极配合。参谋长联席会议可以给3个专业的服役部门下达指令，因此，经常会有人拿这个类比，认为需要一名“经济总参谋”，由他给无数企业的经理、工人以及上千万的消费者，下达指令，或至少是确保他们积极合作。此外，哪些人的行为会影响到我们的国防，通常能够很准确地预测到，但没有人能够预测到战争、洪水、干旱、流行病、罢工、停工、经济政策、政治更替等，会在未来几年影响我们的经济问题。

举一个简单的例子就能说明问题。我们的面包供应依赖加拿大的小麦供应，而加拿大的小麦供应又取决于大草原上有充足的降雪、加拿大的政治条件、美元汇率等。但是，我们的供应还取决于全球的小麦需求。在众多可能影响小麦需求的事件中有战争或缅甸内战。因为一旦缅甸的大米供应减少，对小麦的需求就会增加。尽管这只是成千上万例子中的一个，但经济规划显然无法成为精确的科学。在1939~1945年的战争之前，显然还能收集必要的信息，即便是不能制定出长期的政策，但至少还能作出一系列的财政决策,在具体适用时需要年复一年地变更,事实上是每月进行调整。

1925 年鲍德温任命了一个国民问题研究委员会,基于科学和工业研究部的科学调查,从事社会政策工作。它分析了一些没有重大意义的问题,并没有解决任何主要的经济难题。1930 年麦克唐纳将其转变为经济咨询委员会,由内阁大臣和经济以及其他领域的专家组成。这类主体必然是意见分歧,甚至超过没有直接政治影响的“学术”问题。根本不可能期望它能在当前政治中的经济问题上达成一致。虽然下属的分委员会撰写过一些报告,但这个经济咨询委员会有好多年都没有开过会。麦克唐纳政府不得不面对一个非常棘手的经济问题,那就是 1929 年源于美国的经济大萧条蔓延到了英国,以至于损害到了政府。没有证据表明经济咨询委员会在解决或未能解决这类问题上发挥过什么作用。事实上,一个由约翰·安德森爵士担任主席的公务员委员会倒是发挥了一些作用。

1939 年战争爆发之前,人们已经意识到需要对经济问题给予重点关注。显然必须要“调动”全国的经济资源,用当前的政治口号来说,要使战争产出最大化。于是决定设立跨部门经济政策委员会,由斯泰姆普(Stamp)勋爵任主席,若干经济学家做顾问，枢密院议长对议会负责。尽管没有证据表明充分使用了“斯泰姆普调查”，但它确实产出了一系列非常有价值的研究。部分原因与之有关，同时也有独立因素的考虑，内阁办公室后来又设立了一个由经济学家和统计学家组成的“中央经济信息服务处”。随后，中央经济信息服务处分为中央统计局，仍隶属于内阁办公室，还有一部分经济学家，在达到财政部允诺的目的之前，就离开了。

丘吉尔专注于战争，把“后方”留给了同僚。有点奇怪的是，他把后方的经济问题交给枢密院议长，由他掌控内阁办公室的经济官员。部分解释是，枢密院议长事实上是战时内阁成员，但又不承担重要的部门职责。还有一部分原因是，约翰·安德森爵士在战前就对这些问题有过深入思考。枢密院议长主持一个内阁委员会，每周聚会，代表战时内阁调查和解决诸如人力调动、原材料分配、船只使用等问题。内阁办公室的经济部门与各部门保持密切联系，就诸如此类的经济问题为枢密院议长提供材料和建议。通常认为，这种制度安排成效显著。尽管不是所有制度，但有一些特征，应当成为和平时期政府的特点，需要予以强化。

首先，目标明确不含糊。经济学家的任务是提供有效的手段,让盟军的武装力量能够战胜敌人。这在很大程度上就能够解释“经济学家战时的团结一致令人印象深刻”。[3] 这并不像和平时期的政策,不可避免让经济中混杂着政治。和平时期,人们在目标和方式上的想法都会不同。

其次,很大程度上是由于经济问题成为次要和附属问题。为了打赢战争,人民通常对规制和短缺有所预期,而在和平时期,这就成了主要问题,不管对错,通常认为,选民根本上是关心个人福祉的提升。可以说,允许经济学家表演,因为在这种情况下,经济政策是一个技术问题,因此在和平时期,这就成为政治家们支持的问题。

最后,某种程度上也是必然的,为了作战需要,政府需要依赖经济组织的充分合作,包括私营企业和工会,大多数经济组织还是愿意让渡自己的部门利益。这种情况在和平时期是不会出现的,因为不管是保守党执政,还是工党执政,至少有一些组织不认可政府的目标就真的符合国家利益。

奥利弗·弗兰克斯(Oliver Franks)爵士在 3 场令人钦佩的

---

〔3〕 上述内容出自 Sir John Anderson, *The Organization of Economic Studies in Relation to the Problems of Government*, Oxford, 1947。

演讲[4]中指出，英国从这场战争中获得了很多益处。第一，政府（不仅指政治家，还包括公务员）获得了很多在贸易和工业领域做事的方法，以及从事该类工作者的行事方式。第二，政府部门获得了做总规划的方法，尽管和平时期的规划要比战时规划复杂得多。第三，主管贸易和工业者有了更好的工作方式以及追求的目标。第四，国家作为一个整体对个人利益让渡于国家利益的原则变得习以为常。

1944 年的就业政策白皮书显然是由经济部门提供，可以说正式接受了凯恩斯的理论。在这份白皮书中，政府接受了充分就业理论，这意味着政府的货币、财政和支出政策应当在劳动力的供应与需求之间保持密切联系。如果排除某些其他因素，诸如规制工作条件、住房条件、城镇规划、产品标准等，以及提供充分的社会保障，这可能会被认为是协定经济政策的最大公约数。除此之外，各政党有不同的政策，保守党强调自由和竞争产业的主动性，工党为了工人和消费者利益，注重国家所有和政府调控。

因为存在很大程度的共识（这也顺便证实了本书此前表达

---

〔4〕 Central Planning and Control in War and Peace (London School of Economics, 1947).

的观点,执政党和反对党之间并没有根本分歧),政府部门采纳了大量的规划。因为工党赢得了1945年的选举,至少从理论上来说,它要允许更大尺度的规划。

艾德礼爵士短期内继续保持了战时组织。具体原因没有解释,但可能是因为枢密院议长完全掌管了平民院,工党政策必然强调经济规划,他在1947年决定设立一个经济规划部。尽管当时都认为贸易委员会主席斯塔福·克里普斯(Stafford Cripps)勋爵除了其他职责外,还要负责经济规划部。但是,1948年斯塔福·克里普斯勋爵成为财政大臣,他把之前当经济规划部部长时的职责带到了财政部。

中央统计局仍然是内阁办公室的一部分。应当说,由于战时经验,政府现在能够获得更充分、更优质的统计服务。特别是每月的统计报表和年度统计报告,对于充分知晓政府问题相当重要。战前只有年度报告,并且由部门内的委员会掌管。中央统计局还提供年度国民收入和全国总支出的调查报告,对于所有谈论经济政策的人来说,这都是重要文件。

但是,中央统计局不是一个政策制定部门。1951～1964年,在保守党执政下,政策制定职能归属财政部,它有一个很小的“经济部门”,由经济顾问组成。工党政府在1947年设立的经济规划委员会，存在了一些年，但其主管不是全职的首席规划官，富有经验，而是财政部的一位常务秘书。其成员大部分是资深公务员。1962 年由国家经济发展委员会取而代之，其任务是“审查全国经济形势，特别关注公私企业未来发展规划；综合研判经济快速发展的障碍是什么，如何提高效率，是否充分发挥了现有资源，在促进经济发展、竞争力和效能的途径上寻求共识”。国家经济发展委员会由保守党政府财政大臣主管，贸易委员会主席和劳工大臣担任成员，以及国有公司、私营企业和工会代表组成，拥有全职员工。

1964 年组建工党政府时，经济规划从财政部独立出来，交给了“第一国务大臣兼经济事务部部长”。他负责制定和监管经济发展计划，整体协调计划实施情况，包括工业、地区发展、收入、物价和经济发展领域的特殊政策。政府认为，还需要一个外围组织讨论政府经济计划，贡献他们的想法，讨论更广泛的经济发展政策，特别是需要理解工业领域的问题并与之开展合作的政策，应当有一个与各个产业沟通的渠道。因此，重组了国家经济发展委员会，并对其职责进行了调整。

首先，国家计划的基础是假定存在一致的经济政策，议会制对之并不熟悉。经济政策是政治讨论的核心议题，必须要能够随着民意的变化而调整。保守党政府不可能遵守工党政府提出的规划。反之亦然。此外,任何政府都需要根据民意形成自己的政策,以确保继续执政。议会制的逻辑是,任何计划如果可能导致在下次选举时失去选票,就不应当执行。这意味着计划作为一套准则,任何政府随时都可以自由偏离,甚至可能是永远偏离。

其次,国家计划不能单凭政府来执行,需要实业界、工人和消费者齐心协力。当然,需要一些“规制”,就像战时一样。但是,这些规制之所以能够成功,事实上依赖于所有人都承认这是打赢战争的必要手段。如果实业界不认同他们的需要,对计划所依据的原则有分歧,就不可能期望他们在规制运行中给予充分的合作。有时认为风险出自实业界,但不只是他们。工会已经意识到,他们可以通过集体谈判权来提高工资,改善工作条件。对于艾德礼政府来说,其政治观点得到大部分工会会员的赞同,但很难说服他们改变条件,“冻结工资”。此外,消费者倾向于认为,他们可以随心所欲地花自己的钱,而不是购买那些根据计划应当生产、进口和销售的商品。工人和消费者是选民的主力,譬如,只要有另一种政策的可能,那些不生产或不允许充足提供甜食、烟草、啤酒、电影、流行款式和足球彩票的政府,就会被他们换掉。这种观点可能的结论是，国家要么必须立即成为像苏联那样完全的社会主义和集权主义，或者根本就不要任何计划。但这忽视了计划可以富有弹性，允许随着潮流的改变和民意的变化，进行调整。但是，制定计划确实是一项复杂的艺术，作出一份失败的计划要比作出一份成功的计划容易很多。

最后，正如奥利弗·弗兰克斯爵士指出，[5]计划的执行不能是计划部门的事情，而必须由所有或几乎所有部门一起来执行。谁来扮演看门狗的角色？如何确保有人不遵守计划时，这人可能是一位部长助理，不管采取任何决定，他会吠叫？只是吠叫还不够。需要时，看门狗必须能咬。答案当然是，不仅要培训旧维多利亚时代意义上的部长，还要培训公务员。此外，我们可能还要思考，接受过文学或数学，甚或是“哲学、政治学和经济学”训练的男男女女是否必然能够把计划付诸实施。

---

〔5〕 Op. cit. p. 49.

第八章　英国的民主

一、政府与民意

本书上文所用调研数据清楚表明，政府政策与广大选民的普遍意愿关系密切。这是英国宪法所依据的基本原则。政府之所以能够治理国家，是因为在众议院拥有多数议员的支持。之所以能够得到多数议员的支持，是因为领导政府的政党在上次大选中获得了多数席位。英国政党不像加拿大和美国政党那样，只是竞选拉票组织，而是真正以竞争性的政治原则为基础。因此，选民选择某个政党，不仅是选择某个政府，更是选择某种政策。当然，这种选择一段时间才会出现一次，但执政者总是期望能在短期内讨好选民。如果执政者想要继续掌权，就必须要一直得到多数选民的支持。这就要能保持成功取悦选民的记录。要能突出成绩,且能为错误辩解。每一个错误都会成为绊脚石,每一次成功都是对自己的支持。因此,绝不能出现明显的错误,成就要能得到选民的认可。因为两大党的支持率事实上相差无几,任何执政者都必须要高度尊重民意的变化。因为平民院的每个议员都和自己的选民保持着紧密联系,密切关注着选民的意见,免得自己失去选票,所以,执政者不可能不注意民意的变化。政党领袖每一个不得人心的举动,都可能让他的议员失去选票,因为议员当选不是基于自己的人品,也不是基于他个人的政治经历,而是基于他的党派身份。对政府的反对票就是对议员的反对票。因此,议员在议院或游说团,都会担心政府政策对他的连累。当他所在选区的民意沸腾时,他会在议院拉响警报。此外,如果议会反应迟钝,现在还有“民意测验”提醒着政党总部从事选举工作的人。

如果战前对这种分析还有怀疑的话,现在应该确信无疑了。借助于选情分析和民意测验,可以发现,随着民意的改变,政党政策也随之调整。“规制”、国有化、国家计划、苏伊士、尼亚萨兰、氢弹、霍拉营地、通货膨胀、住房和养老金已经成为一种迹象,使各政党不用承认自己的政治错误,而是通过改变方向,改变政党的“形象”。1964 年大选时,选民们的精神创伤看起来令人痛苦。

但是，对上文的一般表述，有些条件需要澄清。

首先，必须要明确，选民和人民并不完全等同。自 1949 年以来，二者之间的关联比之前更为紧密。部分原因是，根据 1948 年的《人民代表法》，首次出现"一人一票"，取代了之前的双重选票。另一部分原因是，席位充足能够确保每一选票代表的选民利益大致相等。但是，投票的人和可能会投票的人并不完全相同。譬如，地方选举结果与议会选举结果之间没有太多关联。不仅仅因为问题不同，而且还因为在地方选举中，50% 的投票率就已经不错了，而议会选举的平均投票率是 75% 。即便如此，另 25% 还会参与形成民意。事实上，那些在俱乐部或酒吧里大声宣传或信誓旦旦的人可能根本就不去投票。

其次，只有有效的政党制度赋予选民真正的选择权，民意的力量才能发挥作用。大不列颠具备这种条件。尽管确实有些选区从未改变过自己的政治归属，但民意稍有变化，政党优势并不明显的选区就会发生摇摆，进而改变政府。北爱尔兰还不完全具备这个条件。联合主义政党（与爱尔兰民族主义相对立）力量强大，导致没有真正的选择。

再次，我们的代议制导致，平民院里多数席位的规模与整个国家的多数派规模关系不大。譬如，1935 年考虑到不存在竞争的席位，保守党及其附属派系赢得了 54.5% 的选票，但获得了 70% 的席位。1945 年工党赢得了 40% 的选票，但获得了 61% 的席位。甚至在 1959 年保守党获得了绝大多数席位，但赢得的还不到半数选票。第二章讨论了这个问题，并认为，比例代表制的优势不如其缺陷。无论如何，比例代表制通常意味着政府不是人民的政府，而是利益集团的政府。本章这一部分的基础是，因为政府拥有多数支持，并希望保持多数支持，那么，政府就是并应当能够对选区民意的变化保持高度敏感。以利益集团为基础的联合政府十有八九缺乏敏感性，因为民意的变化模糊不清，政治危机很大程度上取决于个人喜好。重要的是，每一部分民意都应有其表达渠道，而不应是在平民院里按比例代表。

接着是第四点，最受重视的意见并不是占大多数的意见，而是流动票代表的可称为“边缘性”的意见。这种票的性质和规模此前有所讨论，结果是强化了郊区和城乡接合部中下阶层的意见。当然，任何一个政党都不敢与主要支持者树敌，但是，如果不争取到边缘票，目前没有一个政党能获得多数席位。任何一种代议制都无法避免这种结果。事实上，比例代表制更夸大了这一点，让有组织的利益集团掌控宪法利益的平衡，借助比例代表制服务摇摆性选民的利益,同样也能服务于领袖个人的政治野心。其他制度也无法避免这种结果。甚至在美国的总统选举中,“关键”州大家都知道,选举人制度大大夸大了这一点。此外,加上行政系统的不负责任,少数人的力量左右了有组织的政治游说和政治分肥。

最后,必须承认,左右民意的不是理性和知识,而是情感和宣传。政党事实上是超级宣传机器。一方面,保守党敲鼓宣传爱国主义;另一方面,工党打锣鼓吹社会情怀。这是所有民主制的共性。但是,在这方面,独裁制度有过之而无不及。上了年龄的人,如果还记得希特勒和墨索里尼,就很清楚了。区别是,在民主社会里,选民可以在鼓和锣之间作出选择;而在独裁社会里,选民只能在鼓和警棍之间作出选择。英国的情况是,普通选民对政治团伙鼓吹的任何内容都疑虑重重。用盎格鲁-撒克逊的话说,选民们倾向于“破除他们的阴谋”,将其转化为竞选结果。选民对投票保有足够的兴趣,但根据自我利益进行投票。因此,马克思主义者指责选民缺乏“政治意识”。事实上,选民不知道马克思主义的历史解释,并且,就像恨恶帝国主义战争一样地恨恶阶级斗争。但选民完全清楚“工人阶级大团结”的重要性,在这种情况下,他就投票支持工党。或者,他知道“财政稳定”的重要性，这时他就投票支持保守党。当然，特别是在中产阶级之间，会有交叉流动。罗马天主教徒通常认为，社会主义与无神论之间有某种联系。英国圣公会一般选择轻度保守主义。自由教会，特别是在威尔士和苏格兰，倾向于激进。知识分子运动有助于改变摇摆票。约翰·斯图尔特·密尔的理性主义假定很大程度上是错误的，但英国选民具有稳健的经验主义，他称之为“常识”。此外，自从电视进入千家万户，政党不得不摈弃他们华丽的鼓吹。没有什么比亚力克·道格拉斯·霍姆或威尔逊爵士在电视上的慷慨激昂更滑稽了。他们及其支持者都必须以理性的形象出现，以吸引理性的男男女女。

据说，执政者有时会掩盖一些令人难以接受的信息，做一些尽管知道不真实但人们喜闻乐见的预言，以此欺骗人民。鲍德温爵士 1936 年 11 月 12 日的一次演讲，“骇人听闻地坦率”。他承认，如果是在 1933 年和 1934 年，鉴于可能的选举结果，他也不会带头重整军备。1933 年秋，富勒姆(Fulham)的递补选举，政府“除了和平主义，没有任何问题”，但以 7000 票丢掉了一个席位。

如果我当时走到乡村，宣传德国正在改善装备，我们也必须要重整装备。在当时，会有人认为这种和平的民主需要回应那种呼吁吗？从我的立场来说，可以很确定的是，能让我们失去选举的事情，一概不予考虑。

鲍德温爵士继续说道，“1934 年至 1935 年冬季期间发生的某些事情，让国家从中认识到危险的存在”，1935 年政府获得选民“授权，去做一些 12 个月之前没有人认为是可能的事情”。但是，事实上，重整装备并不是 1935 年大选的主要议题。内维尔·张伯伦曾经希望将重整装备列入议题，但被政党高层否决。因此，政党竞选纲领把通过国际联盟“确立稳固和平”与重整装备视为同等重要。尽管鲍德温爵士的供认指向 1933 年的一场假想选举，但很清楚的是，重要信息被掩盖了，因为对他所属政党的选举前景有负面影响。还很清楚的是，以免丢失选票，在 1935 年的大选中，危险被刻意最小化了。此外，这种情况确属例外，只是因为，正如选民们 1940 年所发现的，危险刻不容缓。但没有一个政党的竞选宣言对过去的行为和未来的政策有冷静的评价。每个政党都声称自己拥有所有美德，对手拥有所有不足。

这个例子表明，公共监督有其局限性。

首先,在那些不能直接立即影响人民生命的事情上,很难制造出公共意见。外交政策要求人民要具备一定的知识,普通人不可能拥有这些信息,事实上,他们也很难获取这些信息。报纸上的外国新闻没什么好消息,因为有线新闻很贵,跟外国保持社会交往甚至更贵。没有人认真读报纸上的消息,这是从另一个角度表明报纸倾向于将这类消息最小化。然而,外交事务上出现的困难通常不是因为个别事件或决定,而是因为一般的政策倾向。1956 年的苏伊士插曲就很奇怪,可以说证明了这一点。譬如,1939 年年底,关于爆发战争的问题,英国至少有 3 个版本。温斯顿 · 丘吉尔在《集合风暴》(*The Gathering Storm*)中强烈谴责联合政府不遵从他一贯支持的政策,增加军备,抵制独裁者的不断侵略。但是,工党支持者可能提出同样强烈的谴责,而理由则完全相反。他们依据的是,从日本侵略中国开始,联合政府未能充分利用国际联盟提供的集体安保机制。假定能够产生某种影响,并且,在一定意义上,基思 · 法依琳(Keith Feiling)先生在他的《内维尔 · 丘吉尔的一生》一书中已经做到了。因为政府事实上遵循了这种政策。但问题是,即便不是不可能,也很难说政府的某个决定是对还是错。因为背景信息很大程度上是由政府自己提供的。如果民意在外交政策上能发挥作用,就必须要跟踪该项政策的全过程，而不仅仅是像1939年那样，好像要导致不想要的结果时才表达意见。

实际上，我们近代史上没有哪段时期能像1933～1939年那样，公共意见对外交政策如此关注。很大程度上，这是因为统治意大利和德国的江湖骗子具有的古怪行为。还因为国际联盟和工党的持续宣传。不可否认的是，至少在1933～1936年，公共意见是批评政府的。这时鲍德温的“供认”就有意义了。1933～1935年，政府发现民意都是反对它的，却既不改变已经公开的政策，也不试图改变民意。相反，政府继续以集体安全来敷衍，同时，并不是很高效地重整军备。这种做法只能说是不真诚。当然，必须要说，在说服民意上，遣词造句都很困难。有关外交政策演讲不仅是英国选民在听，外国执政者也在听。对于像温斯顿·丘吉尔爵士这样孤独的改革者来说，攻击外国政府是一回事，对英王陛下的政府是另一回事。内维尔·张伯伦1935年打算到乡村呼吁重整军备。这是担心选民，而不是担心外国政府。只有选民才会让内阁作出不同的决定。

其次，这段经历说明，在外交政策上确保民意得到落实是很困难的。诚如前文所述，在外交事务上，政府决策不是作出单个决定，而是持续作出相互联系的多个决定。1938年国家支持了

"绥靖政策",因为张伯伦爵士此前的政策导致了这种结果,正像因为约瑟夫·张伯伦此前的政策导致大部分国民支持波尔战争一样。换句话说,即便外交政策明确得到人民的认可(这是很罕见的),其执行还是掌握在政府手里,政府会破坏这种政策,或怠于执行该政策,以促使采纳它自己的政策。民意唯一的救济途径是下次选举时换掉政府,而那时,其他政治议题可能占据支配地位。巴尔弗政府 1905 年被轰下台,张伯伦政府在 1940 年离去,但很难说前者是因为约瑟夫·张伯伦 1896 年之后的政策,后者是由于鲍德温爵士的"供认"。

二、民主和自由

尽管存在上述情况,英国政府和民意之间的关系还是非常紧密的,这一点仍然属实。有一个因素,即普遍接受公民自由原则,本书没有给予足够阐释,但没有这一点,政府和民意之间的关系可能就不会这么紧密。本书之所以很少阐释这一点,就是因为它被广为接纳。公民自由极其根本,对其描述几乎是画蛇添足。但是,现在,旧的异端邪说改头换面。如果允许不加反思地批评自由的原则，通常情况下，可能给人的印象是，不是它们不值得解答，而是不能解答。不解释英格兰群岛及其北美殖民地人民为之浴血奋战的重要原则，就不可能了解英国宪法。

重点放在这个国家保护自由的法律和制度上，这肯定没错。但通常缺乏认识的是，自由不是法律和制度的结果，而是一种思维态度。法律可能被违反，制度可能被颠覆。人民可能被迫成为奴隶，但不能“强制其自由”。只有渴望自由，才能自由。只有追求自由，才能一直自由。公民自由和宗教自由来到大不列颠，源自惨痛的教训。尽管当时宗教自由和政治自由还不能明确区分，但教训首先来自宗教自由。那些已经找到真理的人，还有那些唾弃真理、灵魂处在遭受地狱永刑煎熬之中的人，可能会认为，他们有责任驱除异端。罗马天主教、英格兰的改革宗、苏格兰的盟约派和英国的“圣徒”，都有自己的真理标准和异端标准。奥伦弗·克伦威尔作为曾经统治诸多教派的政治家，对宗教宽容有过绝妙的论述。他的大臣约翰·弥尔顿在《论出版自由》中，写下了英语世界对自由最好的辩护。但是，他们都走在了时代的前列。18 世纪“理性时代”之前，并不认可这个真理。如果有这种认识，这是一个多方面的内容，而当时的新教徒可能只是认识到了其中的一部分。直到卡洛登战役之后，天主教才不再煽动叛乱，罗马天主教开始在和平中举行礼拜。直到1829年，才清除了他们在法律上面临的主要限制。即便是理性时代，也不能接受不可知论和无神论，不将其当作可争论的观点。直到19世纪末，政治上对犹太教和异教徒的限制才完全取消。

与此同时，宗教和政治之间的联系越来越少。对沃波尔来说，教会的支持是维护其执政的一种方式。博林布鲁克尽管私下可能是一位自然神论者，却试图领导“教会和国王”，与一位伪装的天主教徒有过密谋。政治领袖不会因为宗教观点遭受弹劾，只会因为失去多数人的支持而被废黜。18世纪晚期之前，不可能宽恕政治上的反对派，甚至查尔斯·詹姆斯·福克斯（Charles James Fox）被从枢密院除名。

18世纪之前，狭义上的公民自由确实已经确立很久。一些外国评论家，包括孟德斯鸠、伏尔泰和狄龙，都证明英国盛行自由。反对国王及其宗教的斗争就是争取个人自由和财产的斗争。皇室法院重蹈高等宗教事务法庭的覆辙，* 取消报纸审查几乎是个意外。议会为了废除詹姆士二世的王权，制定了《人

---

* 高等宗教事务法庭（Court of High Commission）是英国最高的教会法庭，权力之一是颁发出版许可。该法庭设立于16世纪。宗教改革时期，法庭权力达到顶峰，在公民和宗教事务上，几乎拥有不受限制的权力。1641年被撤销。——译者注

身保护法》。宣布詹姆士二世退位的《权利法案》规定了陪审团和额外保释金。《王位继承法》将王位转交给一位更远的新教徒,但也规定了法官独立。宽容确立为一项原则,更不要说,为解决因斯图亚特王族的观点和宗教理念引发的问题,探索了一系列的解决措施,在这个过程中逐步确立了公民自由。

但是,结果很明确。辉格党即兴提出的一些重要方案变成了辉格党重要的原则。当 1789 年法国大革命把老兵团送进保守党的军队时,一切都危在旦夕。查尔斯·詹姆斯·福克斯和格雷伯爵二世竭尽全力,最后一搏。无数几乎不知名的英雄在战斗中顽强抵抗。这在六大法案*面临失败时达到顶点。随着新中产阶级的兴起,格雷伯爵被抛弃,辉格党 1689 年的原则成为两大政党的基本原则。

解释这些原则是什么,并非易事。因为它们的具体内涵随国家职能的调整而变化。19 世纪的大部分时间,这意味着自由放任,直到今天,当所有政党都或多或少是集体主义者的时候,还经常以极端的形式强调自由放任。但是,即便最具体地适用

---

* 六大法案(Six Acts)是指英国政府在 1819 年 8 月 16 日的彼得卢大屠杀(Peterloo Massacre)之后,为防止再度发生骚乱,提出的一系列立法。六大法案的目的是禁止支持激进改革的聚会。——译者注

这项原则,也几乎没有不附任何条件的。譬如,当说“未经法院判决,任何人不受监禁”,这是错误的,因为精神病人、智障人士、传染病患者等,都可能未经其同意而被监禁。还必须要强调,自由不是具体的规则,而是思维意识的产物。必须坚持的理念是国家行为只能是不分财富、社会地位、“种族”或宗教信仰,追求共同体所有人的财富和幸福。承认不能以牺牲少数人的代价来换取多数人的利益。强调个人自治并不意味着不需要实质上的管制。禁止反社会行为,并不会让个人沦为与机器有关的奴隶。

这些都是一般概括,在适用中,为不同观点留下了无穷的空间。如果适用范围太宽,就可能导致社会和经济的无序,因为完全可以让个人自由地成为奴隶。如果限制条件过宽,就会让个人成为机器的奴隶。真正追求自由的人,在两个极端之间的区域可能会有不同观点,但都认可实质的自由理念。在这个区域内,英国政党形成了他们各自的政治纲领。

但是,某些制度显然是必要的。首先是一套真诚中立的司法体系。这确实已经具备。我们的法官还没有受到过腐败的指控。他们可能经常被误解。对于贫穷者来说,司法救济成本太高,有时可能无法获取。但法官享有正直的声望,这令许多国家嫉妒。此外,法官不受政治的控制和影响。除了议会和上级法院,没有人可以对他们发号施令。虽然有时他们是因为政治上的成功才获任命,这种现象在早期要比上一代更普遍,但他们都尽力保持中立,也会强有力地公开抵制政治压力。

然而,不仅法官中立,法律也必须要中立。这并不像有些人所说的,所有的法律都平等地适用于所有的人。不是每个人都是银行家,所以,银行家要有专门的法律。这只是说法律不能作不相关的区分。银行法必须平等适用于所有的银行家,不管他们是犹太人还是非犹太人,保守派还是社会主义者,罗马天主教徒还是贵格会成员,适度饮酒者或滴酒不沾的人。法律禁止的行为或追求的益处越普遍,相应的法律就越具有普遍性。禁止杀人或盗窃的法律不会对贵族和诗人、富人和穷人、公务员和私营员工作出区分。另外,法律的普遍性和中立性并不意味着,不可以对像税吏或公务员这类特殊阶层的人施加专门的义务。这也不意味着,不可以为了普遍利益剥夺个人的财产或对其予以特殊限制。在这种情况下,所有权人之间的区别是出于相关考虑,而不是出于诸如“种族”、宗教和政治观点这种不相关的考虑。但是,由于有区别对待,就必须有相应补偿。换句话说,这种普遍理念的适用,意味着剥夺自由或财产必须经过“正当的法律程序”。特别是,除了要制造混乱、颠覆我们的民主宪法之外，“种族”、宗教和政治观点是不相关的考虑因素。

如果不能确保法律适用的中立，就无法维护法律的中立。法官的中立是确保法律适用中立的一种方式。只要法官是称职的，司法程序是适当的，法律的适用就应该交给法官。但是，经常出现的情况是，因为需要专业知识，法官无法胜任，司法程序形式繁琐，代价高昂，妨碍了合适的调查，也导致穷人无法保护自己的利益。法官不能主导教育规则。能否在主干道旁边建房，不适合通过司法程序来决定。约翰·史密斯求职中是否诚实，这类问题不能由耗时耗钱的司法程序来决定。因此，政府行为越多，越需要诚实中立的行政系统。英国宪法在这方面也是经验多于教训。其成功，一部分源自前文描述过的公务系统，另一部分源自地方政府系统，这已超出本书范围。但是，还应归因于法院对公共权力的限制。这套制度不能无条件地给予赞美，毕竟这些方法耗时昂贵，并且，在适用过程中，对相关问题的理解并非总是恰如其分。尽管如此，法院还是铁面无私，严厉反对偏袒和腐败，坚持“正义不仅要实现，还要以看得见的方式来实现”。

这些功能的实现需要技术手段，这已超出了写作范围。每个英国人都听说过《人身保护法》，因为这有时就会成为政治争议的焦点。还应该知道训令、禁令和调卷令。不止这些。只通过这些拉丁术语，并不能保护自由和公正。日常的民法、刑法和行政法规作用最大。每个律师都很熟悉这里的缺陷。有些在其他地方适用的方法，尤其是法国，可能也会在这里适用。在很多领域，法律仍然是卡莱尔（Carlyle）说的“邪恶的杂货堆”。但是，英格兰和苏格兰的法律确实保障，任何人不会因为他是犹太人、穷人、没有政治或社会影响、隶属于某个政党或有不同寻常的人生观，就受到处罚。

然而，必须回到我们的要点。这一切不是源于技术手段和独特的法治。法律由议会制定，必须在议会里找到自由的核心。公民自由是政治自由的产物，而政治自由是长期演变的产物。《权利法案》确保了议会里的自由辩论，这是最重要的政治原则之一。国王的反对党是自由的象征。这也需要有自由的背景。没有自由选举，就不会有真正的议会自由——只有在1872年，议会认为，为了自由，投票必须要保密。如果没有言论自由、集会自由和结社自由，就不可能有自由选举。就像工作自由一样，这些自由都不是绝对的，宪法不可能包含颠覆宪法的自由。至于限制自由的程度，一直有分歧。但原则都还是被接受的。而且，正因为这些原则被接受了，它们才能一直存续下来。在议会两院都占多数的政府，若要抛弃这些原则，技术上并不困难。

因此，我们自由的根源显然不在于法律和制度，而在于自由人民的理念。因为自由发展得很慢，所以确立得很稳固。我们的祖先拿起武器所追求的是非常有限的自由——自由组建教会，免受王权专制，议会自由。至于其他自由，则是“从先例到先例延展下来的”。

三、这是民主吗？

1940 年华盛顿州西雅图一位美国公民给《目击者》（*The Spectator*）写信，解释为何当时许多美国人是孤立主义者。他的观点包括，在他看来英国不是一个民主国家：

如果你所谓的民主就是战前英国的体制，你会发现，许多美国人并不认同你的民主。作为一名美国人，我并不认为，民主意味着人人平等，甚或是在政治上具有平等的代表权。民主的根基必须有所不同，而不是让被安抚的上层阶级不情愿地将某些东西让给那些难以压制的阶级。民主必须以这个国家中最普通、最没特权的人为基础。在民治、民享之前，首先必须是民有的政府。因此，当你说你在为民主而战，并不能触动我们。你所争取的并不是我们所说的民主。

这个观点值得引用，因为它代表了一种立场，且不只是存在于皮吉特湾海岸。* 我们没有一个平等主义的民主，这一点很容易得到认可。但如果说美国或华盛顿州存在平等主义民主，则很难得到认可。比较是令人讨厌的事情，没有人有精力做这样的事情。如果真的像本书所说，政府行为紧密契合选民意愿，包括所有"最普通、最没特权的人"在内的选民意愿，那就很难——事实上也不可能——说这不是民主。如果真像本章所说，英国的自由——不仅是"政治上具有平等的代表权"和"人人平等"——是以自由人的精神为基础，自由的人们就不可能不给予支持。

但是，这种说法的痛点取决于"被安抚的上层阶级不情愿地将某些东西让给那些难以压制的阶级"。这很容易用"你也一样"来反驳。一个远在西雅图的美国人，如果他误解了这里

---

* 皮吉特湾指西雅图地区。——译者注

的“被安抚的上层阶级”，还可以原谅。“被安抚的上层阶级”当然不是指跟统治者威廉一起顺道过来的人，也不是玫瑰战争中相互屠杀者的后代，不是都铎王朝时代的“新贵族”，不是18世纪的土地主，甚至也不是19世纪的制造商。他们最差也不比华尔街的银行家差，不比匹兹堡的钢铁大王差，不比西雅图的木材大王差。既得利益者总是反对那些好像要威胁到他们的改革。我们的民主进程缓慢，因为我们的人民很保守。他们承认已经确立了很多真正可贵的制度，快速变革总是破坏大于建设。除了枷锁，他们还会失去更多。从某种意义上来说，“渐进主义具有必然性”。千万不要把改革者的狂热误以为是失意人民的抱怨。如果人民想要推翻资本主义、公立学校、贵族院或王权，他们有权这样做。如果他们没有这样做，只能理解为他们不想这样做。事实上，王权就是一个绝佳的例子。将近200年前，美国人决定推翻王权。现在不必要使用他们当年的方法。但是，自1660年以来，就再也没有出现过真正严肃的共和运动。当然，不是从约瑟夫·张伯伦离开自由党开始。王权的稳固并不是依赖于社会改革时“被安抚的上层阶级”，主要是依赖于普罗大众的支持。

事实是，“最普通、最没特权的人民”通常是保守的，而用美国的标准来看,“被安抚的上层阶级”有时则相当激进。因此,我们的政治理念出现惊人的一致,白芝浩指出了这一点,经过一个世纪的发展,依然未变。如果民主意味着国家必然出现特权阶层与非特权阶层之间的激烈冲突,那么,我们没有民主。但是,我们的教科书和历史上都不存在这种民主。我们理解的民主,意味着人民必须是自由的,可以自由选择统治者,统治者根据人民的意愿治理社会。

译后记

本书翻译是2018年秋冬学期在浙江大学人文高等研究院做驻访学者期间完成的。那里优美舒适的办公环境,周到细致的行政服务,自由求真的学术理念,让我少有地享受到了做一名学者的愉悦和幸福。

感谢恩师李树忠教授带我进入英国宪法的殿堂。2010年冬天,初次在李老师办公室请教读博安排时,我不知天高地厚地讲述了对美国政教关系的兴趣和计划,李老师给予极大的鼓励和支持之后,提醒我还要关注英国宪政制度。看似不经意的点拨,为我打开了一扇窗。翻译韦农·波格丹诺的《新英国宪法》(法律出版社2014年版)和詹宁斯的《英国宪法》,都幸得李老师的扶正,让译文减少了许多错误。感谢李老师慨然应允将本书纳入"英宪精义"丛书资助出版。

感谢恩师王振民教授最早引导我阅读英文原著并尝试进行翻译。读硕士时,王老师交给我一本罗伯特·达尔的《美国宪法民主吗?》(*How Democratic Is the American Constitution*?),让我精读并尝试翻译。虽然那些译文肯定达不到出版的标准,也没有机会出版,但那是我完整阅读的第一本英文专业著作,并督促我初次尝试专业翻译。

感谢法律出版社法治与经济分社沈小英社长对本书出版的支持。感谢刘晓萌编辑的认真负责,减少了译稿中的错讹。

意裔美国学者劳伦斯·韦努蒂(Lawrence Venuti)详细论证过翻译是文字工作者的耻辱,我却仍然执迷不悟、恬不知"耻"。翻译的理想境界是"译者隐身",既然佶屈聱牙的译笔让我无处隐身,那就无须赘言,译文所有错误、不当和拙劣的责任,由我承担。

李松锋

2020 年 7 月 1 日

图书在版编目(CIP)数据

英国宪法 / (英) 詹宁斯著 ; 李松锋译. -- 5 版
. -- 北京 : 法律出版社, 2020
(英宪精义)
书名原文: The British Constitution
ISBN 978 - 7 - 5197 - 4660 - 5

Ⅰ. ①英… Ⅱ. ①詹… ②李… Ⅲ. ①宪法-研究-英国 Ⅳ. ①D956.11

中国版本图书馆 CIP 数据核字(2020)第 103946 号

英国宪法(第五版)
YINGGUO XIANFA(DI-WU BAN)

[英]詹宁斯 著
李松锋 译
李树忠 校

策划编辑 沈小英
责任编辑 刘晓萌
装帧设计 李 瞻

出版 法律出版社
总发行 中国法律图书有限公司
经销 新华书店
印刷 中煤(北京)印务有限公司
责任校对 王晓萍
责任印制 吕亚莉

编辑统筹 法治与经济出版分社
开本 A5
印张 8.375
字数 153 千
版本 2020 年 9 月第 1 版
印次 2020 年 9 月第 1 次印刷

法律出版社/北京市丰台区莲花池西里 7 号(100073)
网址/www.lawpress.com.cn
投稿邮箱/info@lawpress.com.cn
举报维权邮箱/jbwq@lawpress.com.cn
销售热线/400 - 660 - 8393
咨询电话/010 - 63939796

中国法律图书有限公司/北京市丰台区莲花池西里 7 号(100073)
全国各地中法图分、子公司销售电话:
统一销售客服/400 - 660 - 8393/6393
第一法律书店/010 - 83938432/8433 西安分公司/029 - 85330678 重庆分公司/023 - 67453036
上海分公司/021 - 62071639/1636 深圳分公司/0755 - 83072995

书号:ISBN 978 - 7 - 5197 - 4660 - 5 **定价**:86.00 元
(如有缺页或倒装,中国法律图书有限公司负责退换)